곤충은 어떻게 몸을 지킬까?

자기 몸을 지키는 곤충 이야기

곤충은 어떻게 몸을 지킬까?

자기 몸을 지키는 곤충 이야기

정부희 글 | 옥영관 그림

보리

차례

몸이 무기인 곤충

방아 찧기 대장 대유동방아벌레 · 8

사슴뿔 달린 사슴풍뎅이 · 18

뿔이 우뚝 솟은 장수풍뎅이 · 28

보호색과 새똥 무늬로 속이는 곤충

이름이 가장 긴 작은홍띠점박이푸른부전나비 · 42

감쪽같이 숨는 대벌레 · 54

새똥 닮은 호랑나비 · 62

똥과 쓰레기를 뒤집어쓰는 곤충

쓰레기를 짊어진 짐꾼 풀잠자리 · 78

똥을 뒤집어쓴 백합긴가슴잎벌레 · 86

눈알 무늬로 겁주는 곤충

눈알 무늬로 노려보는 **으름밤나방** · 96

뱀을 닮은 **주홍박각시** · 106

독을 쏘는 곤충

방귀 폭탄을 쏘는 **폭탄먼지벌레** · 116

보석처럼 예쁜 **큰광대노린재** · 128

독침이 무서운 **말벌** · 136

구름버섯에 사는 **줄무당거저리** · 144

빨간 피 흘리는 **남생이무당벌레** · 152

방아 찧기 대장
대유동방아벌레

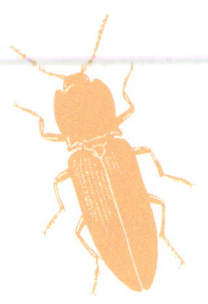

꽃샘추위가 물러가자 따사로운 햇볕이 온 세상을 감싸요. 눈부신 봄 햇살 받으며 산길을 걸었습니다. 오솔길 옆에는 봄꽃들이 피어나 방실방실 웃고 있고, 나비들이 나풀나풀 날아 꽃 위에 사뿐히 앉네요. 꽃과 나비들과 눈인사 나누며 천천히 걷는데, 풀잎 위에 어여쁜 대유동방아벌레가 앉아 있어요. 올해도 어김없이 빨간 옷을 어여쁘게 차려입고 봄나들이 나왔네요.

빨간 옷 입은 대유동방아벌레

봄이면 대유동방아벌레가 숲 언저리 곳곳에 놀러 나와요. 잎과 줄기에 앉아 봄볕을 쬐며 느긋하게 쉬고 있네요. 그러면서 대유동방아벌레는 앞다리로 더듬이를 끌어다 훑으며 한가롭게 몸단장을 합니다.

대유동방아벌레
몸길이 12~18mm

    대유동방아벌레는 딱정벌레목 가문에 방아벌레과 집안 식구예요. 몸길이가 12~18밀리미터쯤 됩니다. 온몸은 주홍색이지만, 더듬이와 다리만 까매서 눈에 엄청 잘 띄지요. 거의 모든 다른 방아벌레는 몸빛이 시커멓고 거무칙칙하거든요. 게다가 비늘 같은 짧은 주홍색 털까지 빽빽이 덮고 있어서 아주 어여뻐요.

    뭐니 뭐니 해도 방아벌레하면 톱니처럼 생긴 더듬이가 눈에 띄어요. 더듬이는 모두 11마디로 이루어졌는데, 4번째에서 10번째까지 마디들은 삼각형으로 하나하나 실에 꿴 것처럼 이어져 마치 톱날 같답니다. 더듬이에는 감각 기관이 쫙 깔려 있어서 둘레에서 일어나는 일들을 재까닥 알아차리지요. 날씨가 따뜻한지, 바람이 어디로 부는지, 습도는 적당한지, 천적이 가까이 다가오는지 따위를 척척 알아차립니다.

느긋하게 쉬던 대유동방아벌레가 갑자기 주홍빛 날개를 활짝 펼치고 부르르 날아 개암나무 줄기에 앉네요. 나뭇가지에 앉아 한소끔 숨을 고른 뒤, 이내 나무줄기를 살살 갉아 먹어요. 게걸스럽게 먹지 않고 아주 조금씩 갉아 먹어서 나무줄기에는 상처가 크게 나지 않습니다. 맛있게 밥을 먹는 대유동방아벌레를 살짝 만졌더니 눈 깜짝할 사이에 땅바닥으로 뚝 떨어졌어요. 미안한 마음에 땅바닥에 쪼그리고 앉아 정신을 잃고 누워 있을 대유동방아벌레를 찾고 또 찾습니다.

공중제비 선수

한참 동안 땅바닥을 뒤지며 대유동방아벌레를 찾았습니다. 다행히 아직도 흙바닥에 등을 대고 벌러덩 누워 꼼짝도 안 하고 있네요. 살짝 건드려도 아무런 기척도 없이 죽은 듯 가만히 있어요. 가만히 누워 있으니 이참에 한번 꼼꼼히 생김새를 살펴봅니다. 뒤집힌 배 쪽에도 등처럼 비늘 같은 짧은 털들이 빽빽하게 덮여 있네요. 여섯 다리는 모두 오그려 배에다 가지런히 딱 붙이고, 더듬이도 머리 아래에 파인 홈 속에 쏙 집어넣고 있어요. 그러고는 '나 죽었다.' 하며 나무토막처럼 꿈쩍도 안 해요. 정말로 대유동방아벌레는 지금 정신을 잃고 있는 거예요. 죽은 척 하는 게 아니라 정신을 잃고 있어서 아무리 건드려도 꼼짝을 안 합니다. 이런 모습을 가짜로 죽었다고 한자말로 '가사 상태'에 빠졌다고 해요. 시간이 제법 지나야 정신을 차리는데, 5분 만에 깨어나는

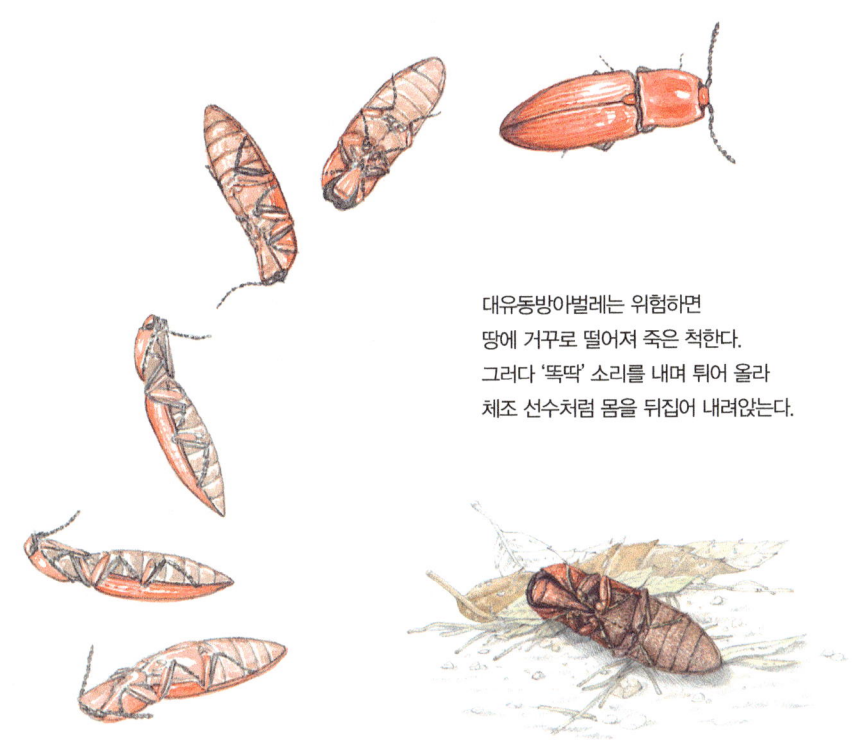

대유동방아벌레는 위험하면
땅에 거꾸로 떨어져 죽은 척한다.
그러다 '똑딱' 소리를 내며 튀어 올라
체조 선수처럼 몸을 뒤집어 내려앉는다.

녀석도 있고, 1분 만에 깨어나는 녀석도 있지요. 저마다 깨어나는 시간이 다르답니다.

 몇 분이 지났어요. 드디어 다리와 더듬이가 꼬물꼬물 움직이더니 자그마한 몸뚱이가 '딱' 소리를 내며 하늘로 튀어 오릅니다. 튀어 오르기 무섭게 번개처럼 땅으로 뚝 떨어져 사뿐히 앉네요. 놀랍게도 대유동방아벌레는 하늘로 튀어 올라 떨어져도 벌러덩 뒤집히지 않고 늘 똑바로 내려앉는답니다. 정말로 늘 똑바로 내려앉는지 궁금해서 다시 대유동방아벌레를 잡아 몸을 뒤집어 놓았어요. 그랬더니 또 방아 찧듯이 펄쩍 뛰어 공중제비를 돌아 바닥에 똑바로 내려앉아요. 열 번이면 아홉

번은 펄쩍펄쩍 잘도 튀어 올라 내려오네요. 체조 선수 뺨칠 만큼 공중제비를 잘 돌아요. 바닥에 내려앉은 대유동방아벌레는 '걸음아 나 살려라.' 하며 정신없이 숨을 곳을 찾아 도망갑니다.

방아 찧는 비결

대유동방아벌레는 몸이 뒤집혔는데도 어떻게 그렇게 높이 뛰어서 공중제비를 할 수 있을까요? 그 비결은 가슴 아랫면에 붙은 '앞가슴 복판 돌기' 때문이에요. 이 돌기는 길쭉해서 가운데가슴 앞 가장자리까지 닿는데, 높이 튀어 오를 때 지렛대가 된답니다. 아무 일이 없을 때에는 이 길쭉한 돌기가 가운데가슴 앞 가장자리 한가운데 파인 홈 속에 들어가 있지요.

정신을 잃고 뒤집혔던 대유동방아벌레가 깨어나면 맨 먼저 다리와 더듬이를 꿈틀대는데, 이때 사람이 고개를 뒤로 확 젖히듯 앞가슴과 가운데가슴을 등 쪽으로 확 젖힙니다. 이때 앞가슴에 붙어 있던 돌기가 하늘을 향해 들리지요. 그런 뒤에 윗몸 일으키기 하듯이 등 쪽으로 젖힌 몸을 배 쪽으로 구부리면 돌기가 가운데가슴 홈 속으로 미끄러지듯이 들어가면서 '똑딱' 소리가 납니다. 그와 함께 몸이 하늘로 부웅 튀어 오르죠. 몸이 튀어 오르면 공중에서 몸을 반 바퀴 돌아 자세를 똑바로 잡은 뒤에 바닥에 내려앉습니다.

그런데 대유동방아벌레는 왜 하늘로 튀어 오를까요? 그건 천적을 따돌리기 위해서지요. 대유동방아벌레는 천적을 만나면 맨 먼저 '나 죽었으니 먹지 마.' 하며 정신을 잃고 땅에 뚝 떨어집니다. 그러다 제 정신이 돌아오면 갑자기 '똑딱' 소리를 내며 하늘 높이 튀어 올라 천적 눈에서 벗어나는 것이지요. 눈앞에서 겨누던 먹잇감을 갑자기 놓친 천적은 다른 곳으로 가버립니다.

하지만 공중제비가 늘 성공하는 것은 아니에요. 실수로 똑바로 자세를 잡지 못하고 뒤집힌 채 땅바닥에 떨어질 때도 있지요. 그러면 똑바로 일어나기까지 꽤 시간이 걸려서 천적에게 잡히기도 합니다. 하지만 공중제비는 힘없는 대유동방아벌레가 자기 몸을 지키는 가장 좋은 재주임에는 틀림이 없어요.

방아벌레라는 이름은 이렇게 공중제비를 잘 돌기 때문에 붙었어요. 공중제비 하는 모습이 마치 디딜방아로 곡식을 찧는 것과 닮았기 때문이지요. 또한 튀어 오를 때 '똑딱' 소리가 나서 '똑딱벌레'라는 별명도 있어요. 영어 이름도 '똑딱'이라는 말이 들어가 '클릭 비틀즈(click beetles)'라고 한답니다.

대유동방아벌레는 한해살이 곤충이에요. 애벌레는 썩은 나무속에서 열 달 넘게 살지만 어른벌레는 산언저리에서 길어야 몇 주 살지요. 아직까지 봄에 숲길을 걷다 보면 대유동방아벌레를 자주 만날 수 있습니다. 따뜻한 봄에 대유동방아벌레와 눈 마주치면 반갑게 인사 나누어 보세요.

방아벌레 무리

방아를 찧듯이 '딱' 하는 소리를 내며 튀어 올랐다가 떨어진다고 '방아벌레'입니다. 똑딱 소리를 낸다고 '똑딱벌레'라고도 하죠. 앞가슴 배 쪽에 기다란 돌기가 있어요. 앞가슴과 가운데 가슴 근육을 세게 당기면, 이 돌기가 마치 지렛대처럼 당겨지면서 높이 튀어 오릅니다. 그리고 제 자세로 내려앉습니다.

방아벌레는 온 세계에 9000종쯤 삽니다. 우리나라에는 100종쯤 알려졌어요. 방아벌레 무리는 몸이 납작하고 길쭉하며 단단해요. 몸 앞쪽과 뒤쪽이 점점 좁아져서 긴달걀꼴처럼 보이죠. 몸길이는 보통 10~30mm인데 2mm밖에 안 되는 아주 작은 것도 있고, 65mm나 되는 큰 것도 있어요. 몸 빛깔은 거의 검은 밤색이나 누런 밤색인데, '진홍색방아벌레'처럼 새빨간 것도 있지요. 우리나라에서 가장 큰 방아벌레는 '왕빗살방아벌레'로 30mm쯤 됩니다. 가장 작은 방아벌레는 '꼬마방아벌레'로 5mm 안팎입니다.

왕빗살방아벌레
몸길이 22~35mm

녹슬은방아벌레
몸길이 12~16mm

어른벌레는 산이나 들판에서 볼 수 있어요. 땅속이나 썩은 나무, 나무껍질 밑에서 살지요. 나무줄기나 풀 위에 앉아 있는 일도 잦아요. 더러는 개울가나 바닷가 모래땅에 사는 종류도 있지만 크기가 작아서 눈에 잘 띄지는 않습니다. 저마다 몸 크기와 입맛이 달라요. 꽃가루나 꿀을 먹기도 하고, 진딧물 같은 작은 벌레를 잡아먹기도 해요. 밤에 나와 돌아다니고 낮에 잎 위에서 보이기도 합니다. 밤에 불빛을 보고 날아오기도 해요. 애벌레는 땅속이나 나무껍질 밑, 썩은 나무속에서 살아요. 애벌레 몸이 길고 매끈하고 단단해서 '철사벌레'라고도 하죠. 나무속을 파고 다니며 하늘소 애벌레나 거저리 애벌레, 사슴벌레 애벌레 따위를 잡아먹습니다.

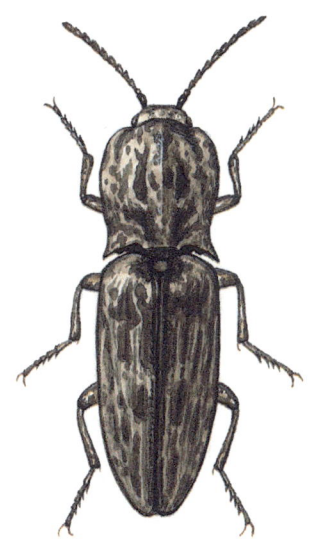

맵시방아벌레
몸길이 22~30cm

루이스방아벌레
몸길이 22~35mm

꼬마방아벌레
몸길이 5mm 안팎

크라아츠방아벌레
몸길이 8~12mm

얼룩방아벌레
몸길이 12~17mm

청동방아벌레
몸길이 15~17mm

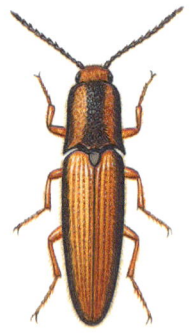
검정테광방아벌레
몸길이 9~14mm

누런방아벌레
몸길이 10mm 안팎

진홍색방아벌레
몸길이 10mm 안팎

빗살방아벌레
몸길이 14~20mm

검정빗살방아벌레
몸길이 16~23mm

붉은큰뿔방아벌레
몸길이 수컷 12~13mm, 암컷 16~17mm

모래밭방아벌레
몸길이 6~7mm

사슴뿔 달린
사슴풍뎅이

 여름 들머리에 숲속 나무들은 무성히 자라 잎사귀를 팔랑팔랑 달고 있어요. 온갖 나무들이 상쾌한 내음을 내뿜네요. 이따금씩 시큼한 나뭇진 냄새도 바람결에 실려 옵니다. 킁킁 냄새를 맡으며 걷는데 오솔길 옆 갈참나무에 커다란 곤충이 다리를 있는 대로 쩍 벌리고 붙어 있네요. 사슴뿔만큼 멋진 뿔이 달린 사슴풍뎅이군요. 생김새가 하도 특이하고 커서 금방 눈에 들어옵니다.

사슴뿔 달린 사슴풍뎅이

 가까이 다가가 보니 한 마리가 아니네요. 나무껍질 틈으로 배어나오는 나뭇진 옹달샘에 암컷 두 마리와 수컷 한 마리가 옹기종기 모여 있어요. 맛있게 나뭇진을 먹고 있는 수컷 사슴풍뎅이를 이리저리 살펴봅니다.

　사슴풍뎅이 묵직한 몸은 어른 엄지보다 더 커서 금방 눈에 띄어요. 머리에는 사슴뿔처럼 생긴 기다란 뿔이 쭉 뻗어 힘이 넘쳐 보입니다. 온몸은 하얀데, 머리와 다리는 까만색과 갈색이 섞여 있어요. 앞가슴등판과 딱지날개는 하얀 분가루를 곱게 바른 것처럼 뽀얗습니다. 하얀 앞가슴등판에는 두껍고 새까만 세로 줄무늬 2개가 힘차게 그려져 있답니다. 생김새만 보면 꼭 다른 나라에 사는 풍뎅이 같지요?

　사슴풍뎅이 몸매는 정성 들여 깎아 만든 나무 인형 같아요. 몸통은 단단한 갑옷을 입고 있어서 뾰족한 바늘로 찔러도 조금도 안 들어갈

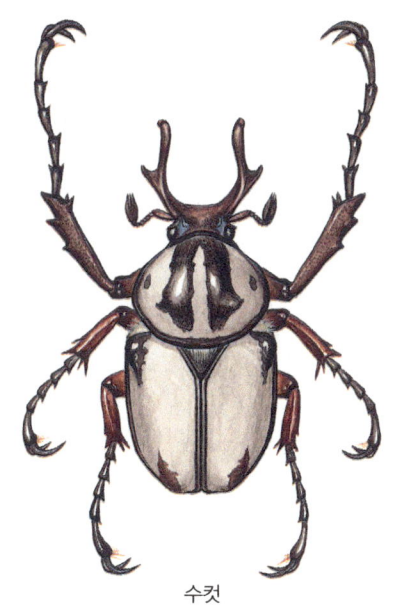
수컷

암컷

사슴풍뎅이
몸길이 16~26mm

것 같습니다. 다리는 굉장히 긴데 철사 몇 가닥을 꼰 것처럼 아주 튼튼해요. 발목마디는 다른 곤충들보다 엄청 길고, 발목마다 뾰족한 가시털이 박혀 있지요. 한 번만 긁혀도 피가 날 것 같습니다. 암컷과 달리 수컷 앞다리는 뒷다리보다 1.5배나 더 길어서 앞으로 쭉 뻗으면 마구 덤벼들 것처럼 무섭네요.

사슴풍뎅이에게 가장 큰 자랑거리는 뿔이에요. 뿔은 꽃사슴 수컷 머리에 돋은 뿔과 똑 닮았어요. 그래서 이름에 '사슴'이 들어갔지요. 그런데 사실 사슴풍뎅이 뿔은 사슴뿔처럼 돋은 뿔이 아니고 이마방패가 늘어난 거예요. 이마방패라는 말이 참 낯설지요? 곤충 입은 사람 입과 달리 윗입술, 큰턱, 작은턱, 아랫입술이 모여 이루어졌습니다. 그 입을 방패처럼 지키는 기관이 바로 이마방패지요. 사슴풍뎅이 이마방패는 다른 곤충과 달리 뿔이 난 것처럼 앞쪽으로 쭉 늘어났어요. 뿔은 머리보다도 몇 배나 더 길고 끄트머리는 갈고리처럼 휘었지요. 무기만 손에 안 들었지 금방이라도 싸움터에 나가는 용감한 장수 같아요. 하지만 암컷 사슴풍뎅이는 뿔이 없어서 순하게 생겼습니다.

뿔이 저리도 큰데 밥을 먹을 때는 아무 문제가 없을까요? 걱정할 필요가 없답니다. 뿔이 있어도 먹을 것은 다 먹습니다. 사슴풍뎅이는 생긴 것과 달리 나뭇진이나 과일즙을 얌전하게 핥아 먹어요. 주둥이 아랫입술 안쪽에 빗자루처럼 생긴 털들이 붙어 있어서 즙을 쓱쓱 핥아 먹을 수 있습니다.

수컷 사슴풍뎅이 한판 싸움

수컷 사슴풍뎅이가 식사를 멈추더니 좀 떨어져서 밥을 먹고 있는 암컷에게 뚜벅뚜벅 걸어갑니다. 흠칫 놀란 암컷은 본능적으로 앞다리를 번쩍 치켜들고 가까이 오지 말라고 튕깁니다.

바로 그때, '부우웅' 시끄러운 소리를 내며 다른 사슴풍뎅이 수컷이 나뭇진 옹달샘에 내려앉네요. 순간 나뭇진 옹달샘에 모여 사이좋게 밥을 먹던 곤충들이 화들짝 놀라 이리저리 흩어집니다. 그 바람에 가장 늦게 온 사슴풍뎅이가 나뭇진 옹달샘 한가운데를 차지했어요. 그러고는 먼저 와 있던 수컷 옆에서 주둥이를 나뭇진에 박고 쓱쓱 핥아 먹습니다. 처음에는 사이좋게 앉아 밥을 먹나 싶었어요. 그것도 잠깐이네요. 먼저 와 있던 사슴풍뎅이 수컷이 몹시 신경이 거슬렸나 봐요. 나뭇진 먹는 일을 집어치우고 머리를 번쩍 들더니 날아온 사슴풍뎅이 수컷을 노려봅니다. 나중에 날아온 사슴풍뎅이 수컷도 만만치 않습니다. 두 수컷들이 싸움을 벌이려고 서로 마주 보고 서네요. 긴장감이 팽팽 돕니다. 드디어 미리 자리를 잡고 있던 사슴풍뎅이가 먼저 덤벼듭니다. 머리에 붙어 있는 우람한 뿔을 늦게 온 사슴풍뎅이 머리 쪽으로 들이댔어요. 그러자 나중에 온 사슴풍뎅이는 앞다리를 번쩍 치켜들며 팽팽히 맞서요. 하지만 헛수고였어요. 강력한 뿔 공격 한 방에 그만 몸이 번쩍 들려 저만큼 붕 날아가 뚝 떨어졌습니다.

땅에 떨어진 수컷은 뒤집힌 몸을 버둥대다가 똑바로 일으킵니다. 그리고 성질이 잔뜩 났는지 성큼성큼 걸어 다시 나무를 타고 올라갑니다. 먼저 온 사슴풍뎅이 앞에 다시 마주서자, 이번에는 복수라도 하려는 듯이 먼저 뿔을 들이대며 세차게 덤벼드네요. 이번에는 먼저 온 수컷 배를 뿔로 번쩍 들어 내동댕이쳤어요. 그러자 눈 깜짝할 사이에 나무 아래로 뚝 떨어져 버둥거립니다. 먼저 온 수컷 체면이 말이 아니네요. 그렇게 10분 넘게 두 수컷들은 서로 뒤엉켜 뿔로 치고 박고, 강철같이 튼튼한 다리로 밀어내고 잡아끌며 맞장을 뜹니다. 네가 힘이 세냐, 내가 힘이 더 세냐 마치 힘자랑이라도 하듯이 인정사정 볼 것 없이 싸웁니다.

그렇게 한동안 엎치락뒤치락하던 싸움이 마침내 끝이 났습니다. 누가 이겼을까요? 나중에 날아온 사슴풍뎅이가 이겼네요. 먼저 자리를 잡은 수컷은 싸움에 져서 땅바닥에 뚝 떨어져 나뒹굽니다. 떳떳하게 싸움에서 이긴 사슴풍뎅이 수컷은 자기 뿔을 자랑이라도 하듯 이리저리 휘두르며 암컷에게 다가갑니다. 수컷끼리 싸움을 하든 말든 나뭇진을 핥아 먹던 암컷은 싸움에 이긴 수컷을 순순히 받아들입니다. 그리고 수컷이 등에 타든 말든 그저 밥만 먹습니다. 암컷 등에 올라탄 수컷은 긴 앞다리로 암컷 몸을 꽉 잡고 배 꽁무니를 암컷 배 꽁무니에 갖다 댑니다. 그리고 누가 건들지만 않으면 1시간도 넘게 오래오래 짝짓기를 합니다.

다리를 치켜드는 사슴풍뎅이

 배부르게 밥을 먹었는지 사슴풍뎅이 한 마리가 나무줄기에 앉아 쉬고 있어요. 바짝 다가가니 몸을 벌떡 일으키며 다리를 옆으로 쫙 폅니다. 몸이 갑자기 커진 것 같아요. 이번에는 나뭇잎으로 슬쩍 건드렸더니 화가 머리끝까지 났나 봐요. 옆으로 펼쳤던 기다란 왼쪽 앞다리를 번쩍 들어 올려 겁을 줍니다. 또 건드리니 오른쪽 앞다리까지 번쩍 들어 올려 '나 무섭지?' 하며 으름장을 놓네요.

사슴풍뎅이 수컷 두 마리가
사슴뿔을 들이대며 서로 싸우고 있다.

사슴풍뎅이는 위협을 느끼면 앞다리를 번쩍 쳐들며 겁을 준다.

 사슴풍뎅이는 으름장을 놓는다고 그러는 것이지만 그 모습은 꼭 만세를 부르는 것 같아 웃음이 빵 터졌어요. 한참 동안 '만세'를 부르던 사슴풍뎅이가 지쳤는지 슬그머니 앞다리를 내려 나뭇가지를 꽉 잡고 납작 엎드립니다.
 그러고 보니 사슴풍뎅이는 온몸이 자기를 지키는 무기로군요. 가장 센 무기는 우람한 뿔이고, 다음은 길쭉한 다리, 그다음은 딱딱한 갑옷 같은 껍데기입니다. 이들 무기는 상황에 따라 달리 쓰여서 어떤 때는 자기 몸을 지킬 때 쓰고, 어떤 때는 다른 곤충을 공격하는 무기가 되지요. 곤충을 잡아먹는 파리매나 잠자리 같이 곤충은 사슴풍뎅이의 단단한 몸과 무섭게 솟은 뿔을 보고는 '저 딱딱하고 큰 벌레를 어떻게 먹어.' 하며 사냥을 포기하고 갑니다. 또 뿔을 휘두르며 기다란 다리를 있는 대로 뻗치면 새나 도마뱀 같은 힘센 천적도 주눅이 들어 함부로 덤비지를 못하지요. 몸에서 독 한 방울 안 나오는 사슴풍뎅이가 힘센 천적들을 따돌리기도 하니 허세 하나는 대단해요. 그뿐 아니에요. 암컷에게 잘 보이려고 수컷끼리 싸울 때는 뿔로 서로를 들이받고 찌르고, 기다란 다리로 상대방을 걷어차며 밀어내요. 또 긴 다리는 짝짓기할 때 암컷을 끌어안는 데 한몫을 합니다.

썩은 가랑잎 속에서 사는 애벌레

짝짓기를 마친 암컷은 열심히 나뭇진이나 과일즙을 먹고 또 먹어요. 튼튼하고 건강한 알을 낳으려면 몸속에 영양분을 많이 쌓아 놓아야 하거든요. 드디어 엄마 사슴풍뎅이가 나뭇진 옹달샘을 떠나 땅으로 내려옵니다. 엄마는 가랑잎 더미 속으로 파고 들어가 땅속에다 알을 낳습니다. 알을 다 낳은 엄마 사슴풍뎅이는 힘이 다 빠져 죽어요.

얼마 뒤에 알에서 애벌레가 태어나죠. 아기 사슴풍뎅이 애벌레는 깜깜한 흙 속에서 썩은 가랑잎이나 썩은 나무 부스러기 따위를 먹으면서 번데기가 될 때까지 살아요. 비가 오든 바람이 불든 흙 속에서 살면서 몸을 키우죠. 추운 겨울이 오면 더 깊은 땅속으로 들어가 겨울잠을 잡니다. 이듬해 봄이 되면 겨울잠에서 깨어나 또 썩은 가랑잎을 먹으며 몸을 키웁니다.

온 세상이 풀빛으로 뒤덮이는 5월이 되면 드디어 애벌레는 번데기로 탈바꿈해요. 번데기도 애벌레 시절 내내 살았던 흙 속에서 지내다 여름 들머리에 어른벌레로 날개돋이 해서 흙을 뚫고 밖으로 나옵니다.

사라지는 사슴풍뎅이

사슴풍뎅이는 몸집이 묵직하고, 생김새 또한 예쁘고, 심지어 뿔까지 멋지니 사람들 손을 많이 탑니다. 사슴풍뎅이를 한 번만 봤다 하면 누구든지 잡고 싶은 마음이 일지요. 심심풀이나 호기심으로 잡는 것을 떠나서 다른 나라에까지 팔려 나갑니다. 그 예로 사슴풍뎅이가 살지 않는 일본에는 사슴풍뎅이 표본이 엄청나게 많아요. 이것을 다 어느 나라 사람들이 팔아넘겼을까요?

또 사슴풍뎅이는 사람 손을 타는 것 말고도 개발 때문에도 죽어갑니다. 사슴풍뎅이가 사는 곳은 나무가 우거진 숲이나 낮은 산이에요. 어른 사슴풍뎅이는 나뭇진을 먹고, 아기 사슴풍뎅이는 썩은 가랑잎을 먹고 살아요. 그런데 나지막한 산들은 해마다 허물어지고 까부수어지고 그 자리에는 도로와 건물이 들어섭니다. 사슴풍뎅이가 사는 곳이 자꾸만 사라지니 언제 멸종할지 모를 일입니다. 사는 곳을 다 없앤 뒤에 뒤늦게 '멸종위기종'으로 정해서 보호한들 무슨 소용이 있나요?

'소 잃고 외양간 고치는 일'이지요.

사슴풍뎅이는 겉에 허연 가루가 벗겨지면 거무스름한 몸빛이 드러난다.

뿔이 우뚝 솟은
장수풍뎅이

　8월은 무더운 여름이에요. 뜨거운 햇볕을 피해 그늘진 숲길로 들어갔어요. 어디서인지 달달하고 시큼털털한 냄새가 솔솔 풍겨 와 둘레를 둘러봤습니다. 역시 커다란 갈참나무 나무껍질이 갈라진 틈에서 나뭇진이 흘러나오네요. 나무줄기 움푹 파인 곳에는 나뭇진이 고여 옹달샘이 만들어졌어요. 나뭇진에 코를 대고 냄새를 맡아 보니 시큼합니다. 맛을 보니 시큼한 냄새와는 달리 참 달착지근하네요.

　이미 나뭇진 옹달샘에는 다른 곤충들이 먼저 와서 진을 치고 있어요. 넓적사슴벌레, 풍이, 밑빠진벌레, 왕오색나비, 고려나무쑤시기, 파리들이 모여 나뭇진을 먹고 있습니다. 그때예요. '부우웅' 시끄러운 소리를 내며 날던 곤충 한 마리가 바닥에 뚝 떨어지네요. 누구일까요? 아! 장수풍뎅이가 나무 아래 땅바닥에 뒤집힌 채 누워 있습니다. 우람한

시큼털털한 나뭇진에 모이는 곤충

수컷　　수컷 옆모습　　암컷

왕오색나비
날개 편 길이 71~101mm

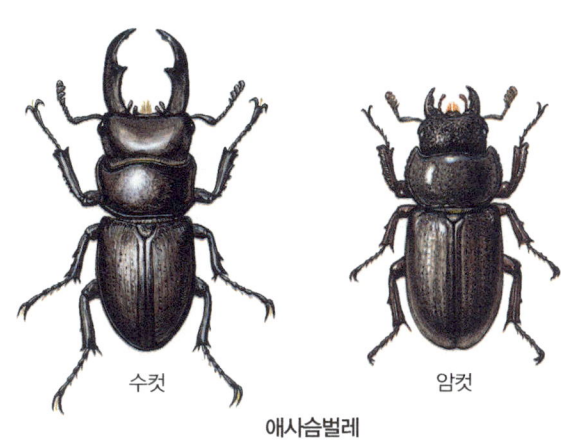

수컷　　암컷

애사슴벌레
몸길이 수컷 15~32mm, 암컷 12~28mm

고려나무쑤시기　　**큰납작밑빠진벌레**
몸길이 12~16mm　　몸길이 6~9mm

뿔을 두 개나 달고 있는 것을 보니 수컷이에요. 오늘따라 시원스레 쭉 뻗은 뿔이 늠름해 보입니다.

나뭇진 옹달샘에 날아온 장수풍뎅이

장수풍뎅이가 묵직한 몸을 일으키려 버둥거립니다. 다리 여섯 개를 이리저리 휘젓더니 훌쩍 몸을 뒤집네요. 그러고서는 여섯 다리를 씩씩하게 움직이며 나무줄기를 타고 성큼성큼 올라갑니다. 그 모습이 거침없이 앞으로 나아가는 장군 같네요. 드디어 힘차게 뚜벅뚜벅 걷던 장수풍뎅이가 우뚝 멈추어 섰어요. 장수풍뎅이가 멈춘 곳은 나뭇진 옹달샘이에요. 장수풍뎅이는 누가 있거나 말거나 아랑곳없이 걸어가 옹달샘 한가운데를 떡하니 차지합니다. 그러자 나뭇진을 먹던 다른 곤충들이 놀라서 자리를 쓱 비켜 주네요. 장수풍뎅이는 아무렇지도 않게 앉아 달달한 나뭇진을 쓱쓱 핥아 먹기 시작해요.

나뭇진을 먹는 장수풍뎅이 수컷은 갑옷처럼 튼튼하고 묵직한 몸과 우뚝 솟은 뿔에서 힘이 철철 넘쳐흘러요. 몸 색깔은 진한 밤색으로 잘 영근 알밤 같습니다. 몸은 참기름을 바른 것처럼 윤이 나요. 딱딱한 갑옷을 입고 있어서 바늘로 찌르면 도리어 바늘이 휘어질 것만 같습니다. 다리는 굵은 철사처럼 튼튼해요.

장수풍뎅이도 사슴풍뎅이처럼 커다란 '뿔'이 나 있습니다. 하지만 사슴풍뎅이와 생김새가 사뭇 달라요. 뿔은 두 개가 솟았는데, 하나는 머

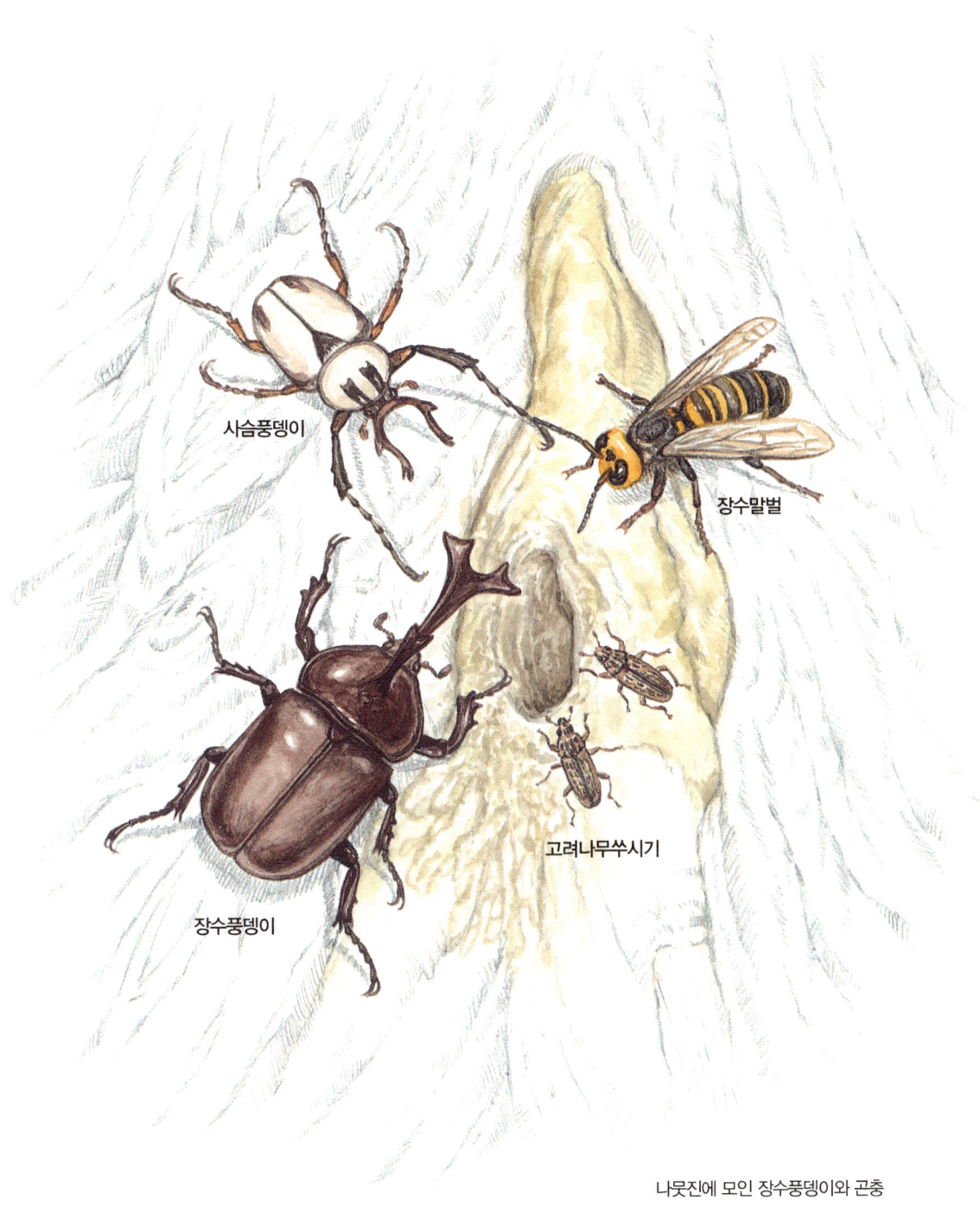

나뭇진에 모인 장수풍뎅이와 곤충

뿔이 우뚝 솟은 장수풍뎅이 • 31

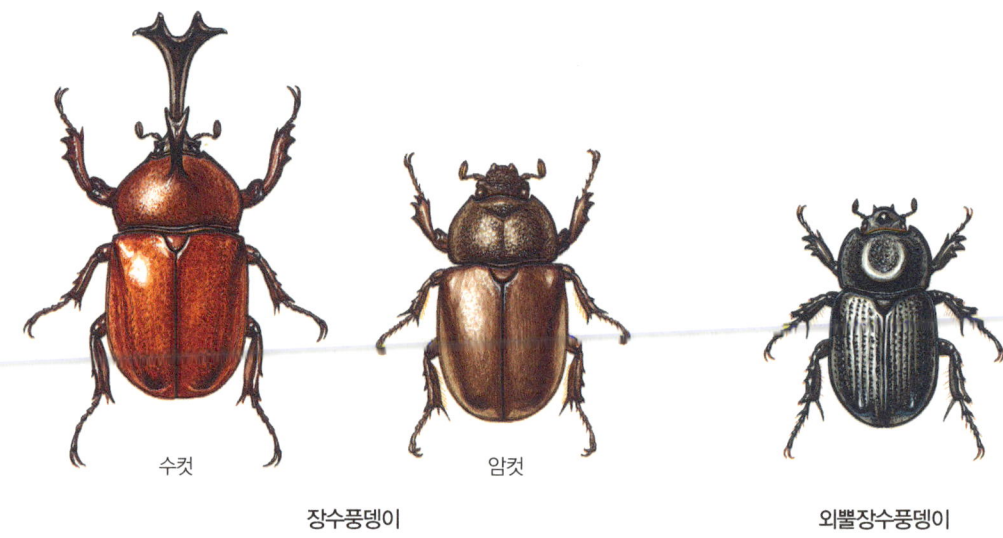

수컷

암컷

장수풍뎅이
몸길이 30~55mm

외뿔장수풍뎅이
몸길이 18~24mm

리에 달려 있고, 또 하나는 앞가슴등판에 달려 있어요. 머리에 달린 뿔은 사실 주둥이 가운데 하나인 '큰턱'이에요. 메뚜기 같은 곤충은 큰턱을 오므렸다 폈다 하면서 풀잎을 베어 씹어 먹지요. 하지만 장수풍뎅이는 나뭇진을 핥아 먹기 때문에 밥을 먹는 데 큰턱이 필요 없어요. 그 대신 큰턱이 무시무시한 뿔처럼 늘어났지요. 뿔이 얼마나 시원스레 뻗었는지 제 몸길이에 절반도 넘습니다. 게다가 앞가슴에도 갈구리 같은 뿔이 우뚝 솟아 뻗어 있어서 무시무시하답니다. 금방이라도 싸움터에 나가는 용감한 장수 같지요. 하지만 수컷과 달리 암컷 장수풍뎅이한테는 뿔이 없어요. 짤막한 큰턱이 밋밋하게 살짝 밖으로 뻗어 나와 순둥이처럼 보입니다.

수컷 장수풍뎅이 싸움

마침 다른 장수풍뎅이 수컷이 나뭇진 옹달샘에 '부우웅, 부우웅' 소리를 내며 날아왔어요. 또 다른 장수풍뎅이가 옹달샘에 앉자, 사이좋게 밥을 먹던 다른 곤충들이 또 화들짝 놀라 이리저리 흩어졌다 다시 모이네요. 나중에 온 장수풍뎅이도 곤충들 틈에 끼어 나뭇진을 훑어 먹습니다. 이제 늠름한 뿔을 가진 수컷 장수풍뎅이 두 마리가 옹달샘에서 마주쳤네요. 두 마리는 사이좋게 나뭇진을 먹을 수 있을까요?

처음에는 두 마리가 서로 사이좋게 앉아 있다 싶었어요. 하지만 그것도 잠깐이네요. 먼저 와 있던 장수풍뎅이 수컷은 신경이 몹시 날카로워졌어요. 갑자기 식사를 멈추더니 머리를 번쩍 들어 나중에 온 장수풍뎅이를 노려보네요. 나중에 날아온 장수풍뎅이도 만만치 않게 노려보며 물러서지를 않아요. 드디어 두 수컷들이 싸움을 벌이려나 봐요. 서로 마주 보고 서 있는데 긴장감이 팽팽 돌아요. 나도 모르게 숨죽이며 수컷들 싸움을 구경해 봅니다.

먼저 온 장수풍뎅이가 먼저 덤벼들었어요. 머리에 붙어 있는 뿔을 나중에 온 장수풍뎅이 수컷 머리 쪽에 들이대고 치네요. 성이 안 차는지 뿔로 나중에 온 수컷 머리를 번쩍 들어 내던졌습니다. 그 바람에 나중에 온 수컷이 저만치 뚝 떨어져 힘없이 나뒹구네요. 뿔이 가진 힘이 참 대단합니다. 하지만 이것으로 싸움이 끝난 것이 아니랍니다. 얼마 안 있어 뒤집힌 장수풍뎅이 수컷이 버둥버둥 몸을 똑바로 뒤집더니 뚜벅

장수풍뎅이 수컷들이 큰 뿔을 들이대며 서로 싸우고 있다.

뚜벅 걸어와요. 그러더니 이번에는 먼저 온 장수풍뎅이에게 다가가 뿔을 들이대며 되받아칩니다. 아까 공격당한 것을 되갚아 주려는 듯이 먼저 온 장수풍뎅이 몸을 뿔로 번쩍 들어 내동댕이쳐요. 이번에는 먼저 온 장수풍뎅이가 저쪽으로 뚝 떨어져 뒤집혔어요. 그렇게 한참 동안 서로 치고 박고 마구 싸웁니다.

마침내 싸움은 끝이 났어요. 먼저 날아온 장수풍뎅이 수컷이 이겼답니다. 싸움에서 진 장수풍뎅이 수컷은 뚜벅뚜벅 다른 곳으로 걸어 도망가네요. 싸움에 이긴 장수풍뎅이 수컷은 늠름한 뿔을 자랑하며 씩씩하게 암컷에게 다가갑니다. 수컷끼리 싸우던 말던 나뭇진을 핥아 먹던 암컷은 싸움에 이긴 수컷을 받아들여 짝짓기를 합니다.

이렇게 수컷 장수풍뎅이가 싸우는데 가장 큰 무기가 바로 뿔이에요. 뿔이 큼직하고 튼실해야 경쟁자인 다른 수컷을 이기거든요. 다른 수컷을 이기고 따돌려야 암컷과 짝짓기를 할 수 있습니다. 물론 뿔은 자기를 공격하는 천적을 위협하거나 물리칠 때도 씁니다.

알 낳는 엄마 장수풍뎅이

짝짓기를 마친 암컷은 열심히 나뭇진을 먹고 또 먹어요. 튼튼하고 건강한 알을 낳으려면 영양분을 많이 먹어야 하니까요. 짝짓기를 마치고 두 주쯤 지나면 드디어 엄마 장수풍뎅이가 알을 낳습니다. 알은 죽을 때까지 낳는데, 적게는 30개에서 많게는 100개까지 낳지요. 알을 다 낳은 엄마 장수풍뎅이는 시나브로 힘이 다 빠져 얼마 안 있어 죽습니다. 그래도 엄마 장수풍뎅이는 자기가 해야 할 일을 훌륭하게 잘 해냈어요. 엄마 장수풍뎅이가 할 일은 알을 낳아 대를 잇는 일이니까요. 어른 장수풍뎅이는 짧게는 한 달에서 길게는 넉 달쯤 살면서 짝짓기 하고 알을 낳는데 온 힘을 다 쏟지요.

C자처럼 몸이 굽은 애벌레

엄마 장수풍뎅이가 알을 낳은 지 보름쯤 지났어요. 탁구공 같이 생긴 동그란 알이 갈라지면서 애벌레가 꼬물꼬물 알 껍질 밖으로 기어 나옵니다. 갓 깨어난 애벌레는 좀 쉬었다가 자신이 깨고 나온 알 껍질을 아삭아삭 씹어 먹어요. 알 껍질을 남겨 놓으면 알 껍질에서 나는 냄새를 맡고 천적이 쫓아올지도 몰라요. 그러니 아예 흔적을 없애려고 먹어 치우는 것이지요. 게다가 알 껍질에는 영양분이 많이 들어 있습니다.

애벌레가 먹는 밥은 썩은 가랑잎이나 나무 부스러기예요. 애벌레는 맛있는 밥을 먹으며 허물을 두 번 벗고 무럭무럭 자라요. 장수풍뎅이는 애벌레로 무려 11~12달을 지냅니다.

다 자란 애벌레는 몸매가 C자처럼 굽어 있어요. 장수풍뎅이 집안 식구인 풍뎅이류 애벌레들은 모두 C자로 생겨서 거의 옆으로 누워 지내죠. 그래서 풍뎅이류 애벌레들은 모두 '굼벵이'라고 합니다. 장수풍뎅이 애벌레도, 사슴벌레 애벌레도, 꽃무지 애벌레도, 소똥구리 애벌레

장수풍뎅이 애벌레는 몸이 C자처럼 굽어 있다.

도 모두 풍뎅이 가족이라 모두 굼벵이지요.

애벌레 몸매는 뚱뚱하고 두루뭉술해서 굼뜨게 생겼어요. 우윳빛 살갗은 보드라워서 살짝 누르기만 해도 우그러질 것만 같아요. 몸은 여러 마디로 되어 있는데, 마디와 마디는 연결막으로 이어져서 몸을 쭈욱 펴면 구부리고 있을 때보다 훨씬 길어집니다. 또 잘 보면 몸에는 불그스름한 짧은 털들이 쫙 깔려 있어요. 또 가슴부터 배까지 마디마디 옆구리마다 빨간 구멍이 콕콕 뚫려 있지요. 이 구멍이 숨구멍이에요. 장수풍뎅이 애벌레는 사람처럼 입과 코로 숨을 쉬지 않고 가슴과 배 옆구리에 난 숨구멍으로 숨을 쉽니다.

애벌레 여섯 다리는 몸에 비해 아주 짧아서 우스꽝스럽습니다. 몸은 뚱뚱한데 다리가 짧으니 잘 기어다니지 못하고 꿈틀꿈틀 어기적어기적 기어가죠. 그래서 굼벵이라는 별명이 붙었나 봐요. 다행히 애벌레는 두엄이나 가랑잎이 썩어 부스러진 흙 속에서 살아요. 그래서 굳이 먹이를 찾으러 멀리까지 여기저기 돌아다니지 않아도 되지요. 그래서 다리가 짧아도 아무 문제가 없습니다.

날개돋이

어느덧 해가 바뀌고 여름 들머리가 됐어요. 가랑잎 쌓인 흙 속에서 온갖 시련을 이겨 내며 자라던 애벌레가 이제 바빠집니다. 바삐 가랑잎 썩은 흙 속을 돌아다니며 번데기로 탈바꿈할 곳을 찾습니다. 포슬

포슬한 곳에 자리를 잡으면 흙이나 가랑잎 부스러기들을 모아 타원형으로 생긴 고치를 만든답니다. 그런 뒤 고치 속에서 애벌레 시절 입었던 허물을 벗고 번데기로 탈바꿈합니다.

번데기가 된 지 3주가 지났어요. 무더운 바람이 부는 여름날에 드디어 장수풍뎅이가 어른벌레로 날개돋이 해서 나옵니다. 어두컴컴한 흙 속을 떠나 땅 위 밝은 세상으로 나오니 세상이 얼마나 넓어 보이겠어요. 밤에 나온 세상은 온통 깜깜해서 앞이 잘 보이지 않지만, 그래도 야행성이니 상관없어요. 달달한 나뭇진을 찾아 넓은 숲속을 밤새 멋지게 날아다닐 거랍니다.

이름이 가장 긴
작은홍띠점박이푸른부전나비

　6월 초가 되자 산이 제법 높은 대관령에도 꽃들이 여기저기 활짝 피었어요. 범꼬리, 노루오줌, 미나리아재비, 좀조팝나무, 국수나무, 기린초 꽃들이 생글생글 피어 있네요. 꽃이 피니 온갖 나비들도 신이 나서 나풀나풀 날아와 이 꽃 저 꽃 위에 앉습니다. 큰줄흰나비, 애기세줄나비, 작은표범나비, 도시처녀나비, 쇳빛부전나비, 유리창떠들썩팔랑나비 같은 어여쁜 나비들이 죄다 나왔어요. 그 틈에 자그마한 나비가 기린초 풀 위를 날았다 노란 꽃 위에 내려앉았다 바쁘네요. 얼른 앉아 살펴보니 알을 낳고 있군요. 배 꽁무니를 잎 뒤에 대고 알을 낳고서는 재빨리 날아올라요. 날개 색깔이 까만빛이 도는 푸른빛이에요. 잠시 앉아 쉬는 나비 날개 아랫면을 보니 까만 점들이 콕콕 찍혀 있네요. 누구일까요? 이름이 무척 긴 작은홍띠점박이푸른부전나비입니다.

꽃에 날아오는 나비들

큰줄흰나비
날개 편 길이 봄형 41~48mm, 여름형 52~55mm

수컷　　　　수컷 옆모습　　　　암컷

애기세줄나비
날개 편 길이 42~55mm

수컷　　　　수컷 옆모습　　　　암컷

작은표범나비
날개 편 길이 41~49mm

수컷　　　　수컷 옆모습　　　　암컷

도시처녀나비
날개 편 길이 32~35mm

수컷　　　　수컷 옆모습　　　　암컷

이름이 가장 긴 곤충, 작은홍띠점박이푸른부전나비

우리나라에서 사는 곤충 가운데 이름이 가장 긴 곤충은 누구일까요? 바로 '작은홍띠점박이푸른부전나비'입니다. 한 자 한 자 세어 보니 무려 열세 자예요. 이름은 길지만 몸집은 나비들 가운데 작은 축에 든답니다. 작은홍띠점박이푸른부전나비는 꽃꿀을 빨 때나 쉴 때나 늘 날개를 접고 앉는 버릇이 있어요. 그래서 날개 아랫면이 눈에 많이 띄지요.

작은홍띠점박이푸른부전나비는 윗면과 아랫면 날개 색깔이 달라요. 윗면은 푸른빛인데 아랫면은 하얗고 큼직큼직한 까만 점들이 콕콕 찍혀 있어요. 게다가 아랫면 날개 가장자리 둘레에는 주홍색 띠무늬가 곱게 그려져 있답니다. 이 모습을 보고 이름을 '작은홍띠점박이푸른부전나비'라고 지었어요. 이름은 길지만 생김새를 하나하나 따져 보니 왜 이렇게 이름을 길게 지었는지 알겠네요.

볼 때마다 다른 날개

해가 떠오르자 밤새 풀잎 뒤에 매달려 잠자던 작은홍띠점박이푸른부전나비가 풀밭으로 나왔어요. 아직은 몸이 따뜻하지 않아 날아다니기가 힘든가 봐요. 곤충은 둘레 온도가 낮으면 몸 온도도 덩달아 낮아져요. 이런 동물을 몸 온도가 바뀐다고 한자말로 '변온 동물'이라고 합니다. 조심스레 풀잎에 앉아 해를 등진 채 날개를 양옆으로 활짝 펼치고 따스한 햇볕을 즐깁니다. 아침 햇살이 날개 위에 내려앉으니 시나브로

작은홍띠점박이푸른부전나비
날개 편 길이 22~25mm

큰홍띠점박이푸른부전나비
날개 편 길이 28~35mm

이름이 가장 긴 작은홍띠점박이푸른부전나비 • 45

몸이 따뜻해져요. 이따금씩 날개를 살짝 펼쳤다 오므렸다 여유를 부리네요. 그런데 작은홍띠점박이푸른부전나비는 날개 윗면에 무늬가 없고 아랫면은 점박이 무늬로 가득 차 있지요. 그런데 신기하게도 날개 윗면 색깔이 묘해요. 어떤 때는 짙푸른 색이고 어떤 때는 까매지네요. 게다가 반짝반짝 아름답게 빛납니다. 자리를 옮겨 쳐다보아도 역시 짙푸른 색으로 보였다가 까만색으로 보였다가 종잡을 수 없어요. 왜 날개 색깔이 보는 각도에 따라 달라지는 걸까요?

나비목 집안 식구들은 모두 날개에 비늘이 덮여 있답니다. 자세히 톺아보면 마치 기왓장을 겹쳐 쌓은 것처럼 비늘 하나하나가 물샐틈없이 차곡차곡 쌓여 있어요. 그러다 보니 날개 겉은 눈으로 봤을 때는 매끈해 보이지만 실제로는 울퉁불퉁합니다. 햇빛이 그 위에 내리쪼이면 빛이 울퉁불퉁한 날개 굽이에 따라 저마다 이리저리 다르게 반사되지요. 그래서 작은홍띠점박이푸른부전나비는 보는 각도에 따라 날개 색깔이 푸른색에서 까만색으로 바뀌는 것이에요. 이렇게 날개 색깔이 다르게 바뀌기 때문에 작은홍띠점박이푸른부전나비를 잡아먹으려는 천적이 헷갈립니다.

작은홍띠점박이푸른부전나비는 힘이 없어요. 그래서 날개 아랫면에는 둘레 환경과 비슷한 무늬가 찍혀 있어서 천적 눈을 피하고, 윗면은 날개 빛깔이 보는 각도에 따라 이리저리 바뀌어서 천적을 헷갈리게 만들어요. 그래서 험한 세상에서 살아남는 것이지요.

꼭꼭 숨는 애벌레

어미 작은홍띠점박이푸른부전나비가 기린초 잎에 알을 낳은 지 두 주가 지났어요. 드디어 알에서 아기 애벌레가 태어났습니다. 갓 태어난 애벌레를 1령 애벌레라고 합니다. 1령 애벌레는 몸길이가 2.5밀리미터밖에 안 되어서 있는지 없는지 표도 안 나죠. 그래서 겨우 애벌레가 눈 똥을 보고 찾아냈어요. 애벌레는 두꺼운 기린초 잎에 머리를 묻고 잎을 갉아 씹어 먹어요. 쉬지 않고 먹고 또 먹으면서 몸을 불리죠. 작은홍띠점박이푸른부전나비는 입맛이 까다로워서 다른 식물은 안 먹고 오로지 기린초 잎만 먹습니다.

아기 작은홍띠점박이푸른부전나비 애벌레는 모두 허물을 세 번 벗고 커요. 거의 모든 나비들은 허물을 네 번 벗는데 말이에요. 특이하게도 작은홍띠점박이푸른부전나비는 애벌레로 지내는 시절이 긴 편이에요. 알에서 깨어나 번데기가 될 때까지 35일쯤 애벌레로 지냅니다.

하지만 애벌레를 만나기가 쉽지 않습니다. 애벌레 생김새와 몸 색깔이 애벌레가 먹고 사는 기린초 잎과 너무 똑같기 때문이에요. 기린초 잎을 뒤적이지만 도대체 보이질 않아요. 한참을 그렇게 뒤적거린 뒤에야 드디어 잎 위에 사뿐히 앉아 있는 애벌레를 찾았습니다.

애벌레는 생김새가 기린초 잎처럼 길쭉한 타원형에다 납작한 편이에요. 몸 색깔은 기린초 잎처럼 풀색이지요. 더구나 애벌레 몸 한가운데와 옆구리 쪽이 빨간데, 기린초 잎 가장자리도 빨갛습니다. 생김새와 색깔까지 잎이랑 너무 닮아서 잎이라고 해도 깜빡 속아 넘어가기 딱 좋답니다. 과연 몸을 숨기는 재주가 남다르지요? 이쯤 되면 자기 몸을 확실히 지키는 보호색이 틀림없습니다. 그러니 천적이 보호색을 띤 작은홍띠점박이푸른부전나비 애벌레를 찾으려면 보통 애를 먹는 게 아니에요.

작은홍띠점박이푸른부전나비 애벌레
몸빛이 풀색이라 기린초 풀잎 위에 있으면 감쪽같이 몸을 숨긴다.

잠꾸러기 번데기

보호색을 띤 덕에 애벌레는 별 탈 없이 잘 자라 곧 번데기로 탈바꿈하려고 해요. 번데기로 탈바꿈할 때가 되면 애벌레는 기린초 잎은 입에도 안 대고 엉금엉금 기어 땅으로 내려가요. 여기저기 땅 위를 돌아다니다 알맞은 돌멩이를 찾으면 그 밑으로 들어가지요. 돌 밑에 자리를 잡은 뒤에는 입에서 명주실을 토해 자기 몸을 돌멩이에서 떨어지지 않게 꼭 묶는답니다. 그런 뒤 죽은 듯이 꼼짝 않고 쉬다가 이틀 뒤 풀빛 허물을 벗어 버리고 번데기가 되지요. 번데기는 잠꾸러기라 이듬해 봄까지 잠만 잔답니다. 늦봄인 5월 중순이 되어야 어른벌레로 날개돋이 해요. 이렇게 작은홍띠점박이푸른부전나비는 한살이가 한 해에 한 번 돌아가는데, 따뜻한 남쪽 지방에서는 한 해에 두 번 돌아갑니다.

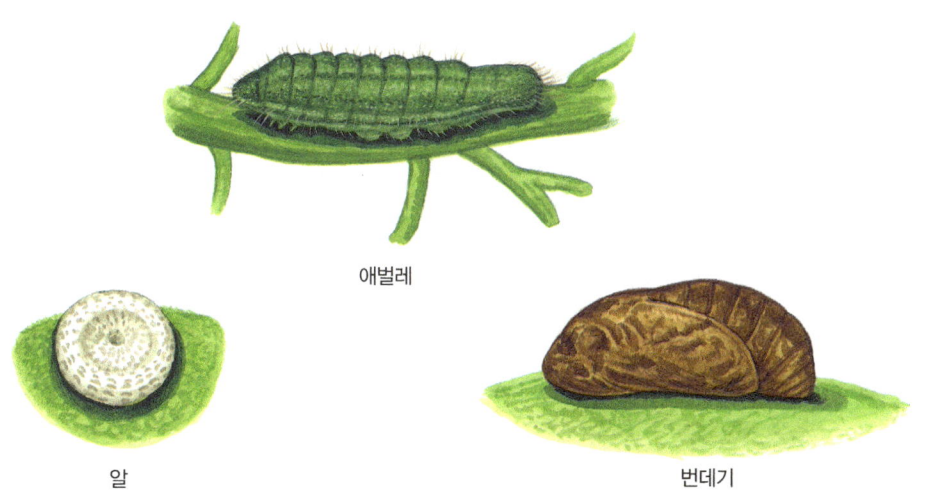

애벌레

알

번데기

작은홍띠점박이푸른부전나비 한살이

부전나비 무리

부전나비 무리는 나비 무리 가운데 몸 크기가 작은 편이에요. '부전'이라는 말은 옛날 여자아이들이 차던 작고 귀여운 노리개예요. 나비 생김새가 이 부전을 닮았다고 이런 이름이 붙었답니다. 우리나라에는 79종이 살고 있어요.

부전나비 무리는 온 세계에 널리 퍼져 살아요. 우리나라에서도 들판부터 높은 산까지 여러 곳에서 볼 수 있습니다. 이른 봄부터 늦가을까지 날아다니죠. 어른벌레는 낮에 나무 높은 곳

푸른부전나비
날개 편 길이 26~32mm

수컷　　　　　　　　　　　　　　암컷

수컷 옆모습

푸른부전나비와 산푸른부전나비

앞날개 아랫면 가장자리 까만 점이 아래로 가지런하다.　　　앞날개 아랫면 날개맥 4실에 있는 까만 점이 바깥쪽으로 치우친다.

에서 기운차게 날아다니는데, 몇몇 종은 흐린 날이나 늦은 오후에도 기운차게 날아다닙니다. 거의 모든 어른벌레는 꽃꿀을 빨고, 수컷은 축축한 땅바닥에 모여 물을 빨아 먹지요. 날개 편 길이가 30mm 안팎으로 크기가 작고, 겹눈 둘레가 밝은색 비늘가루로 둘러져 있습니다. 그리고 아랫입술 수염이 위쪽으로 휘어져 튀어나와서 팔랑나비 무리나 흰나비 무리와 다릅니다.

산푸른부전나비
날개 편 길이 27~30mm

수컷   암컷

수컷 옆모습

회령푸른부전나비와 푸른부전나비

뒷날개 아랫면 날개맥 가운데방에 까만 점이 없다.

뒷날개 아랫면 날개맥 가운데방에 까만 점이 있다.

회령푸른부전나비
날개 편 길이 27~30mm

수컷

수컷 옆모습

암컷

고운점박이푸른부전나비
날개 편 길이 36~41mm

수컷 · 수컷 옆모습 · 암컷

한라푸른부전나비
날개 편 길이 25~26mm

수컷

수컷 옆모습

암컷

남방푸른부전나비
날개 편 길이 27~28mm

수컷

수컷 옆모습

암컷

북방점박이푸른부전나비
날개 편 길이 34~37mm

수컷 · 수컷 옆모습 · 암컷

큰점박이푸른부전나비
날개 편 길이 39~47mm

수컷 · 암컷 · 수컷 옆모습

감쪽같이 숨는
대벌레

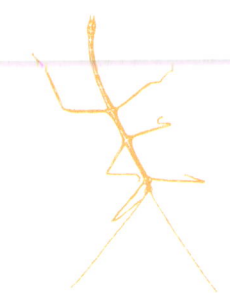

    6월이에요. 춥지도 덥지도 않은 여름 문턱이라 산과 들에 곤충들이 죄다 나와 뛰어 놀아요. 콧노래 흥얼거리며 산길을 걷는데, 기다란 나뭇가지 같은 벌레가 어기적어기적 기어가네요. 가늘고 기다란 몸으로 느릿느릿 움직이니 마치 나뭇가지가 바람에 흔들리는 것 같습니다. 누구일까요? 바로 대벌레랍니다.

감쪽같이 숨는 대벌레

    사부작사부작 기어가던 대벌레가 멈춘 곳은 느릅나무 잎사귀 위에요. 잎에 오자마자 잎 한가운데에 다소곳이 앉아요. 몸이 얼마나 긴지 길쭉한 잎을 다 차지하네요. 다리며 몸통이며 더듬이가 온통 가늘어서 굵은 잎맥이 쭉쭉 뻗은 잎 위에 앉아 있으니 대벌레인지 잎인지 금방

알 수가 없습니다.

그런데 볼품없이 몸만 기다란 대벌레가 앉아 있는 폼이 우스꽝스러워서 혼자서 킥킥댑니다. 가운뎃다리와 뒷다리는 있는 대로 벌리고 있는데, 앞다리가 안 보이네요. 아! 앞다리는 머리 앞쪽에 있군요. 두 다리를 가지런히 모아 만세 부르듯 앞으로 쭉 뻗고 있으니 더듬이인 줄 알았어요. 그럼 더듬이는 어디 있을까요? 더듬이는 쭉 뻗은 앞다리 사이에 감쪽같이 숨어 있습니다. 앞다리보다 15배쯤이나 짧아서 있는지 없는지 표도 안 나요. 더듬이는 작은 구슬들을 촘촘히 실에 꿰어 놓은 것처럼 앙증맞네요. 겹눈까지 동그라니 깜찍하고 귀여워요. 그런데 날개가 안 보이네요. 날개는 퇴화되어서 아예 날개 싹조차 없습니다. 날개가 없다 보니 알몸이 그대로 드러나 마디와 마디를 잇는 연결막이 다 보여요. 언뜻 보면 마치 대나무 줄기 같습니다. 그래서 우리나라에서는 대나무를 닮았다고 '대벌레'라고 하고, 중국에서는 '대나무 마디 벌레'라는 뜻을 가진 '죽절충(竹節蟲)'이라고 합니다. 서양에서는 생김새가 꼭 사람이 짚고 다니는 지팡이를 닮았다고 '지팡이벌레(stick insects)'라고 하지요.

대식가 대벌레

대벌레는 초식성이라 잎사귀만 먹고 살아요. 먹성이 좋아서 식물을 가리지 않고 잎이란 잎은 다 잘 먹지만, 찰피나무 잎을 유난히 좋아하

긴수염대벌레
몸길이 수컷 5~7cm, 암컷 6~10cm

지요. 주둥이가 튼튼해서 잎을 와작와작 씹어 먹어요. 몸집이 크다 보니 먹는 양도 많아요. 대벌레가 먹고 난 잎은 성한 게 하나도 없지요. 어떤 잎사귀는 곳곳에 제멋대로 구멍이 뻥뻥 뚫려 있고, 또 어떤 잎사귀는 잎맥만 남은 채 너덜너덜합니다.

  거의 모든 대벌레들은 풀색 옷을 입고 살아요. 하지만 가끔 운 좋으면 밤색 대벌레도 만날 수 있습니다. 대개 허물을 벗을 때 둘레 색깔에 맞춰 몸 색깔을 바꾸죠. 둘레에 풀빛 풀과 나무들이 많으면 풀색 옷을 입고, 둘레에 단풍이 들거나 시들어 버린 나무와 풀들이 많으면 밤색 옷을 입지요. 보호색으로 몸을 감춰서 천적에게 들키지 않기 위해서랍니다.

  우리나라에 사는 대벌레는 5종밖에 안 돼요. 그 가운데 더듬이가 굉장히 짧은 '대벌레'와 더듬이가 긴 '긴수염대벌레'를 흔히 만날 수 있어요. 날개가 분홍빛인 '분홍날개대벌레'는 귀해서 잘 만나지 못해요.

다리를 떼어 내는 대벌레

  납작 엎드리고 있는 대벌레를 살짝 건드려 봤어요. 그랬더니 갑자기 더듬이처럼 쭉 펼치고 있던 앞다리가 슬금슬금 꿈틀거리고, 가운뎃다리와 뒷다리도 덩달아 움직이기 시작해요. 그러더니 여섯 다리에 힘을 바짝 주고 몸을 일으켜 세우네요. 그 모습이 마치 기다란 나뭇가지가 잎에 붙어 있는 것 같아요. 게다가 몸을 양옆으로 살살 흔들기라도 하면 가느다란 나뭇가지가 바람에 흔들리는 것처럼 보입니다. 그러니 쌍살벌이나 잠자리 같은 천적들이 대벌레와 마주쳐도 나뭇가지로 여기고 지나쳐 버리기 일쑤지요. 아무리 봐도 감쪽같은 위장술이에요.

잠시 뒤 그래도 겁이 났던지 대벌레가 어기적어기적 잎 뒤쪽으로 숨습니다. 잎을 살며시 뒤집으니 겁을 더 먹고 제법 빠른 걸음으로 도망치네요. 도망치는 대벌레를 슬그머니 잡아봅니다. 아! 이 일을 어쩌나! 잡았던 뒷다리를 뚝 떼어 버리고 도망가네요. 그 모습이 마치 도마뱀이 적을 만났을 때 꼬리를 잘라 버리고 도망가는 것 같아요. 다행히도 잘려 나간 다리는 허물을 벗을 때 다시 돋아납니다. 물론 다시 돋아난 다리는 온전하게 다 자라지 않아서 짧긴 하지만 다리 노릇을 하는 데는 괜찮습니다.

바로 그때예요. 바람이 휙 불어 썩은 나뭇가지가 대벌레 앞에 뚝 떨어졌어요. 놀란 대벌레는 그대로 아래로 뚝 떨어져 뒤집힌 채 누워 버렸습니다. 앞다리는 앞으로 쭉 뻗고, 가운뎃다리와 뒷다리는 양옆으로 펼치고 하늘을 보고 누워 있네요. 아무리 건드려도 마치 죽은 것처럼 꼼짝을 안 해요. 손으로 만져 보니 나무토막처럼 딱딱하게 굳어 있네요. 이렇게 가짜로 죽은 척하고 한참을 그대로 있습니다.

몇 분이 지나자 정신을 잃고 누워 있던 대벌레 다리가 조금씩 꿈틀대요. 여섯 다리를 버둥대더니 몸을 뒤집어 똑바로 앉네요. 그러고서는 아무 일도 없었다는 듯이 성큼성큼 걸어갑니다. 대벌레는 천적을 만나면 바구미 무리나 방아벌레 무리처럼 가짜로 죽어요. 죽은 척하는 게 아니라 정말로 정신을 잃어서 어느 정도 시간이 지나야 제정신으로 돌아옵니다. 자기 몸을 지킬 독도 없고 방어 무기라고는 하나도 없는 대벌레가 천적을 피하기 위해 나뭇가지인 척하고 가짜로 죽는 것을 보니 기특하기 짝이 없습니다.

다리가 떨어진 대벌레
대벌레 애벌레는 다리가 잘려도 허물을 벗으면 다시 다리가 돋는다.
하지만 온전하게 다 자라지 않아 짧다.

암컷이 훨씬 많은 대벌레

어찌된 일인지 대벌레는 암컷이 엄청 많습니다. 수컷은 어디에 있을까요? 잘 모릅니다. 곤충을 연구한 지 20년이 다 되도록 짝짓기 하는 모습을 단 두 번 봤을 정도니까요.

그럼 어떻게 알을 낳을까요? 거의 모든 암컷은 짝짓기를 하지 않고 혼자서 알을 낳아요. 대벌레 세계에서는 암컷 혼자 알을 낳아도 큰 문제가 안 됩니다. 짝짓기를 하지 않고 알을 낳는 일을 한자말로 '처녀 생식'이나 '단위 생식'이라고 합니다. 어느 연구소에서 대벌레를 직접 키우며 여러 실험을 했어요. 키웠던 대벌레들은 모두 암컷이었고, 그 암컷들이 낳은 알에서는 거의 암컷만 태어났어요. 암컷 대벌레가 낳은 모든 딸들은 엄마와 모든 것이 똑같은 대벌레입니다. 수컷과 짝짓기를 하지 않고 알을 낳았으니 알 속에는 엄마 유전자만 들어 있기 때문이지요. 그런데 모든 생물은 유전자가 다양해야 환경이 갑자기 안 좋게 바뀌어도 살아남을 가능성이 높습니다. 대벌레처럼 처녀 생식을 하면 갑작스럽게 바뀌는 환경에 제대로 적응을 못할 수도 있어요. 그런 것을 아는지 대벌레 암컷은 가끔 수컷과 짝짓기를 하면서 유전자를 섞습니다.

알은 어디에 낳을까

엄마 대벌레는 알을 어디에 낳을까요? 대벌레는 그냥 땅 위에 알

긴수염대벌레 짝짓기
암컷은 짝짓기를 하지 않고도 알을 낳을 수 있다.
가끔 수컷과 짝짓기 한다.

뿌려 낳아요. 나무나 풀 위에 앉아서 한 번에 알을 100~130개 낳아 땅으로 떨어뜨리죠. 알은 2~3밀리미터밖에 안 될 만큼 작고, 생김새가 마치 식물 씨앗 같아서 눈에 잘 안 띄어요. 알은 그대로 추운 겨울을 보냅니다. 봄이 되면 알에서 애벌레가 꼬물꼬물 기어 나와 한살이를 시작해요. 허물을 모두 여섯 번 벗으며 무럭무럭 자라다 여름쯤에 어른벌레로 탈바꿈합니다.

새똥 닮은
호랑나비

 4월이 되어 따사로운 봄볕이 쏟아지니 땅 위에서는 새싹들이 파릇파릇 돋아나요. 풀밭에 엎드려 향기 나는 쑥을 캐는데 호랑나비가 한 마리가 훨훨 날아다녀요. 얼마나 반갑던지 어느새 입가에는 함박 미소가 번집니다. 방금 날개돋이 했는지 날개 색깔이 산뜻하고 뚜렷하네요. 호랑나비가 날아다니니 금세 풀밭이 환해지는 느낌이에요.

호랑나비 이름

 봄이면 겨울 내내 겨울잠 자던 번데기에서 어른 호랑나비가 날개돋이 해요. 노란 날개에 까만 줄무늬가 시원스럽게 쭉쭉 그려져 있어요. 그 모습이 마치 호랑이 털가죽 무늬와 닮았다고 '호랑나비'라고 하지요. 예전에는 범과 이리를 다른 말로 '호랑이'라고 했는데, 언제부터인

여러 가지 호랑나비

호랑나비
날개 편 길이 봄형 56~66mm, 여름형 75~97mm

수컷   수컷 옆모습   암컷

산호랑나비
날개 편 길이 봄형 65~75mm, 여름형 85~95mm

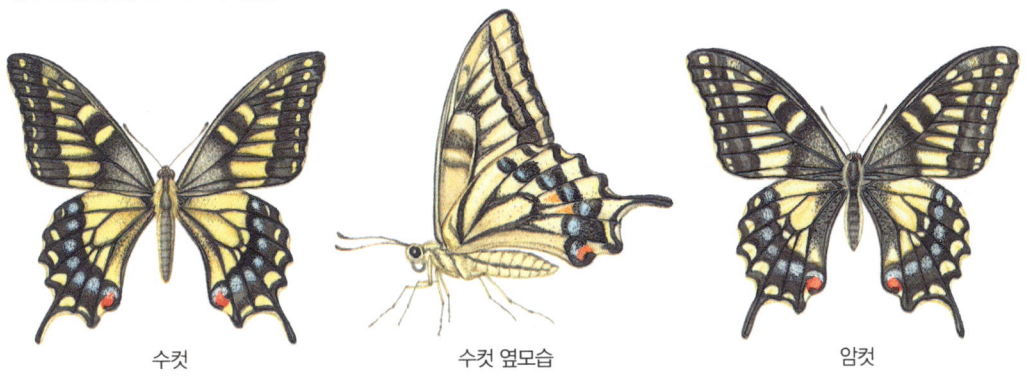

수컷   수컷 옆모습   암컷

애호랑나비 날개 편 길이 39~49mm

수컷   수컷 옆모습   암컷

지 사람들이 범을 호랑이로 부르기 시작했어요. 그래서 원래는 호랑나비를 '범나비'라고 했는데, 남녘에서는 자연스럽게 '호랑나비'라고 바꿔 부르게 되었습니다. 하지만 북녘에서는 원래대로 '범나비'라고 해요.

호랑나비가 너른 풀밭을 가로질러 휘익휘익 힘차게 날아다니다 산초나무 둘레를 얼씬거리네요. 산초나무 줄기에는 새싹이 쏙쏙 돋아나고 있어요. 호랑나비는 산초나무 줄기에 재빨리 앉아요. 그러고서는 배를 둥그렇게 구부려 새싹에 대고 움찔움찔 움직이며 알을 낳습니다. 노르스름한 알이 쏙 빠져나와 새싹에 붙자, 다시 날아올라 다른 새싹에 내려 앉아 또 알을 낳네요. 그렇게 호랑나비는 죽을 때까지 알을 30~400개 낳아요. 알은 공처럼 동그랗고 반질반질 윤이 나서 보석처럼 아름답습니다.

새똥 같은 애벌레

알을 낳은 지 열흘이 되자, 노르스름했던 알이 점점 거무스름하게 바뀌어 가요. 새까만 애벌레 몸이 알 껍질 밑으로 살짝 비치네요. 드디어 애벌레가 알 껍질 맨 위쪽을 사각사각 갉기 시작해요. 잠시 뒤 알 껍질 위가 뻥 뚫리더니 구멍 밖으로 새까만 머리가 나오고, 잇달아 가슴과 배가 천천히 딸려 나옵니다. 아기 호랑나비 애벌레가 세상에 나오는 순간이에요. 갓 태어난 애벌레는 2밀리미터밖에 안 될 만큼 작아요. 몸 색깔은 거무칙칙하고 살갗은 온통 돌기로 덮여 있어서 마치 작

산초나무

은 '아기 괴물' 같네요. 애벌레는 후다닥 자기 집이었던 알 껍질을 먹어 치워서 흔적을 없애요. 그러고는 서둘러 알이 있던 곳을 떠나 잎 가장자리로 기어갑니다.

  이제부터 애벌레는 번데기가 될 때까지 산초나무를 떠나지 않아요. 설령 떠났다가는 굶어 죽을 수 있어요. 호랑나비 애벌레는 입맛이 까다로워서 오로지 운향과 식물만 먹거든요. 운향과 식물에는 산초나무, 귤나무, 오렌지나무, 탱자나무 같은 나무가 있는데, 산초나무가 그 가운데 가장 흔해요. 산초나무에 살면서 날마다 잎사귀 밥을 먹고, 쉬고, 잠을 잔답니다.

신기하게도 아기 호랑나비 애벌레는 감쪽같이 몸을 숨기는 재주가 있습니다. 애벌레는 산초나무 잎을 먹으며 허물을 모두 네 번 벗으며 무럭무럭 자라죠. 그런데 알에서 갓 깨어난 1령 애벌레에서부터 4령 애벌레까지는 거무칙칙한 바탕에 희끄무레한 무늬가 군데군데 그려져 있어요. 잎 위에 앉아 있으면 꼭 새똥처럼 보입니다. 잎 위에서 온몸을 드러낸 채 살아야 하기 때문에 늘 새나 거미 같은 천적 눈에 잘 띌 수밖에 없어요. 그래서 '나, 똥이야, 먹어 봐야 맛없어.'라며 천적을 속입니다.

그러다 다 자란 5령 애벌레가 되면 생김새가 전혀 다르게 바뀌어요. 4령 애벌레가 마지막 허물을 벗으면 몸 색깔이 풀색으로 바뀝니다. 더구나 몸길이가 4센티미터일 만큼 몸집까지 훌쩍 커져요. 가만히 잎에 앉아 있는 모습이 참 늠름하고 잘 생겼습니다. 산초나무 잎 위에 앉아 있는 호랑나비 5령 애벌레를 찾아보세요. 아마 한참을 헤맬지도 몰라요. 온몸이 보호색인 풀색을 띠다 보니 산초나무 잎 위나 줄기에 앉아 있으면 잘 보이지 않으니까요. 이렇게 호랑나비 애벌레가 새똥 옷과 풀색 옷을 번갈아 입고 사는 까닭은 모두 보호색을 띠어 천적을 따돌리기 위해서지요.

호랑나비 한살이

산호랑나비 한살이

애호랑나비 한살이

냄새뿔

몸 색깔 말고도 천적을 따돌리는 작전은 또 있어요. 바로 냄새뿔로 천적을 겁주는 방법이지요. 냄새뿔은 1령부터 5령 애벌레 모두 가지고 있어요. 가만히 앉아 있거나 밥을 먹고 있는 애벌레를 슬쩍 쓰다듬어 보세요. 그러면 가슴 부분을 뱀 머리처럼 부풀리고서는 눈 깜짝할 사이에 머리와 가슴 사이에 숨겨 놓은 노란 뿔을 쑤욱 뺍니다. 갑자기 노란 뿔이 튀어나오니 애벌레를 노리던 천적이 깜짝 놀라죠. 노란 뿔은 냄새가 나는 뿔인데, Y자나 새총처럼 생겨서 바람이 꽉 찬 고무풍선처럼 빵빵합니다. 손끝으로 살짝 만져 보면 끈끈한 물이 흥건하게 묻어 있어요. 냄새를 맡아 보면 산초나무에서 나는 향긋한 냄새가 납니다. 끈적이는 물에는 애벌레가 먹는 산초나무 잎을 원료로 만든 물질이 들

산호랑나비 애벌레
애벌레는 화가 나면 머리에서 노란 뿔이 돋고 고약한 냄새를 풍긴다.

어 있기 때문이에요.

 잠시 뒤 냄새뿔이 몸속으로 쏙 들어가 감쪽같이 없어졌어요. 애벌레한테는 미안하지만 또다시 몸을 건드리니 냄새뿔이 또 느닷없이 쏙 튀어나옵니다. 이렇게 애벌레는 위험에 맞닥뜨리거나 천적이 덮치려 하면 재빨리 냄새뿔을 불쑥 꺼내 '나 무섭지!' 하며 겁을 줍니다. 이 노란 냄새뿔에 깜짝 놀란 천적은 겁을 먹고 다른 곳으로 가 버리죠.

가짜 눈

 호랑나비 애벌레는 냄새뿔 말고도 자기 몸을 지키려고 감추어 둔 또 다른 무기가 있어요. 바로 '가짜 눈'인 눈알 무늬입니다. 5령 애벌레 몸을 잘 들여다보세요. 가슴 양옆에 눈알 무늬가 뚜렷하게 그려져 있어요. 이 눈알 무늬는 진짜 눈과 꼭 닮았지요. 진짜 눈은 머리에 붙어 있는데, 크기가 모래알보다 작아 맨눈으로는 잘 보이지 않습니다. 그러니 이 눈알 무늬를 진짜 눈으로 여길 때가 많아요. 애벌레는 위험해지면 자기 가슴을 뱀 머리처럼 크게 부풀리는데, 이때 눈알 무늬도 더 크게 보입니다. 그러면 애벌레를 잡아먹으려던 천적은 커다란 눈에 깜짝 놀라죠. 재미있는 것은 이 눈알 무늬 시선입니다. 눈알 무늬는 사시예요. 사시이다 보니 애벌레를 바라보는 방향이 앞쪽, 옆쪽, 위쪽이던 간에 눈알 무늬와 똑바로 마주쳐요. 그래서 천적이 어느 쪽에서 애벌레를 노리든 눈알 무늬가 천적을 똑바로 노려봅니다. 커다란 눈알이 자기를 똑바로 노려보니 애벌레를 잡아먹으려던 천적은 주눅이 들어 공격을 잘 못하고 주춤거리죠.

 호랑나비뿐만 아니라 호랑나비 무리에 속한 애벌레들은 거의 모두 눈알 무늬와 냄새뿔을 가지고 있습니다. 우리나라에 사는 호랑나비 무리에는 제비나비, 산제비나비, 긴꼬리제비나비, 호랑나비, 산호랑나비, 무늬박이제비나비, 남방제비나비, 사향제비나비, 청띠제비나비 모두 9종이 있어요. 멤논제비나비는 우리나라에 바람을 타고 남쪽 다른

호랑나비 애벌레
호랑나비 종령 애벌레는 가슴 양옆에 눈알처럼 생긴 무늬가 있다.

나라에서 날아오지요. 이 나비들 종령 애벌레 몸에는 모두 눈알 무늬가 그려져 있고, 건드리면 냄새뿔을 내밉니다.

한 해에 두세 번 만나는 호랑나비

무사히 살아남은 애벌레가 번데기 만들 때가 다가왔어요. 번데기 때는 아무것도 먹지 않기 때문에 산초나무를 떠나 나무 둘레에 자리를 잡습니다. 물론 멀리 가지 않고 산초나무 줄기에 만들 때도 있지요. 애벌레는 주둥이에서 명주실을 뽑아 배 끝을 나뭇가지에 딱 붙인 뒤 자기 몸통을 나뭇가지에 꽁꽁 동여매지요. 그러면 비바람이 몰아쳐도 떨어지지 않습니다. 그런 뒤 애벌레 때 입었던 허물을 벗고 이제 번데기로 탈바꿈합니다.

번데기가 된 지 2주일쯤 지나면, 처음에는 풀색이었던 번데기가 까무잡잡한 색으로 바뀌어요. 날개돋이 할 때는 먼저 머리에서 가슴까지 난 탈피선이 벌어지고 천천히 머리와 가슴, 꼬깃꼬깃한 날개, 배가 나옵니다. 종이 뭉치처럼 꼬깃꼬깃 접혀 있던 날개가 쫙 펴지니 멋진 어른벌레가 되었네요. 날개돋이에 성공한 호랑나비는 몸을 말리며 이따금 배 끝에서 우윳빛 물똥을 몇 방울 쌉니다. 몸이 다 마르면 이제 꽃을 찾아 들판을 훨훨 날아다녀요. 호랑나비는 한 해에 한살이가 두 번에서 세 번 돌아갑니다. 추운 겨울이면 번데기 모습으로 겨울잠을 잡니다.

호랑나비 무리

날개 무늬가 범 무늬를 닮았다고 '호랑나비'라는 이름이 붙었어요. 호랑나비 무리는 몸집이 아주 커요. 날개 색이 짙고 고우며 띠무늬가 아주 뚜렷합니다. 많은 호랑나비는 뒷날개에 꼬리처럼 생긴 돌기가 길게 나 있습니다. 우리나라에는 16종이 알려졌어요. 크게 모시나비, 호랑나비, 제비나비 무리가 있습니다.

제비나비
날개 편 길이 **봄형** 85~90mm, **여름형** 105~120mm

수컷   수컷 옆모습   수컷 변이

암컷   암컷 변이

산제비나비
날개 편 길이 **봄형** 63~93mm, **여름형** 95~118mm

수컷 봄형    수컷 봄형 변이    수컷 여름형

수컷 옆모습

암컷 봄형    암컷 봄형 변이    암컷 여름형

긴꼬리제비나비
날개 편 길이 **봄형** 60~80mm, **여름형** 102~120mm

수컷   수컷 옆모습   암컷

무늬박이제비나비
날개 편 길이 120~130mm

수컷 　　수컷 옆모습 　　암컷

남방제비나비
날개 편 길이 형 100~105mm, 여름형 108~118mm

수컷 여름형 　　꼬리돌기가 없는 수컷 　　수컷 옆모습

암컷 봄형 　　암컷 여름형 　　암컷 옆모습

사향제비나비
날개 편 길이 봄형 65~71mm, 여름형 75~90mm

수컷 여름형 　　　수컷 봄형 　　　수컷 옆모습

암컷 봄형 　　　암컷 여름형

청띠제비나비
날개 편 길이 57~79mm

수컷 　　　수컷 옆모습 　　　암컷

멤논제비나비
날개 편 길이 106mm

수컷 　　　수컷 옆모습 　　　암컷

똥과 쓰레기를 뒤집어쓰는 곤충

쓰레기를 짊어진 짐꾼
풀잠자리

    9월이에요. 밤새 세찬 비가 내리더니 선선한 가을바람이 솔솔 불어와요. 바다보다도 더 파란 하늘에는 하얀 구름이 둥둥 떠다니며 그림을 그립니다. 콧노래 부르며 천천히 걷는데 길옆 뽕나무 잎 위에 풀색 곤충 한 마리가 사뿐히 앉아 있어요. 얼마나 예쁘고 깜찍한지 누구일까 궁금해서 살금살금 다가가 보니 풀잠자리네요. 하늘하늘한 풀색 날개는 얼마나 어여쁜지 마치 하늘에서 선녀가 내려온 것 같아요.

잠자리와 풀잠자리

    어른 풀잠자리는 몸집이 작고 가냘파요. 더듬이는 가늘고 기다랗고, 동그란 두 눈은 반짝반짝 보석처럼 빛납니다. 게다가 풀빛 날개는 얼마나 얇은지 속살이 훤히 비치네요.

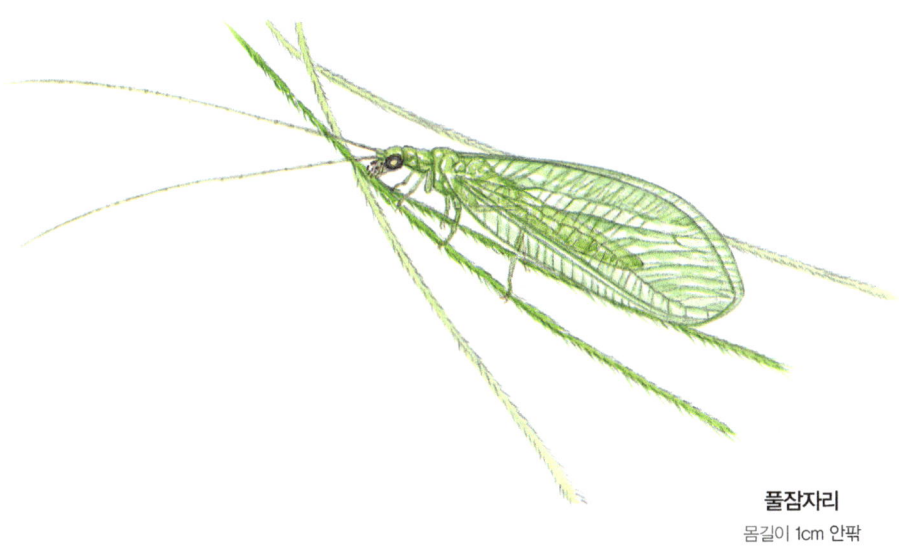

풀잠자리
몸길이 1cm 안팎

 그런데 아무리 봐도 잠자리와 닮지 않았는데 이름에 '잠자리'가 들어갔어요. 아마도 이름을 지을 때 풀잠자리 몸이 가늘고, 날개는 얇고, 날개맥이 그물처럼 촘촘해서 잠자리와 헷갈린 것 같아요. 그래서 풀잠자리라는 이름만 들으면 잠자리 식구로 여기기 쉬워요.

 잠자리와 풀잠자리는 이름만 비슷하지 실제로 생김새가 다릅니다. 잠자리 더듬이는 짧은데, 풀잠자리 더듬이는 잠자리 더듬이보다 훨씬 더 길어요. 풀잠자리 날개는 잠자리 날개보다 더 얇아서 속이 환히 비칩니다. 또 잠자리는 안갖춘탈바꿈을 해서 번데기 시절이 없지만, 풀잠자리는 갖춘탈바꿈을 해서 번데기 시절을 거쳐요. 또 풀잠자리 몸에는 독이 들어 있어요. 살살 만져 보면 고약한 냄새가 나죠. 천적에게 잡히면 '스카톨(skatol)'이 들어 있는 독을 내뿜습니다.

실에 매달린 알

풀잎이나 진딧물이 다닥다닥 붙은 줄기를 잘 살펴보면 주렁주렁 매달린 풀잠자리 알을 볼 수 있어요. 알은 한둘이 아니라 수십 개가 붙어 있답니다. 재미있게도 알들은 잎에 찰싹 달라붙지 않고 흰 머리카락같이 가늘고 기다란 실 맨 끝에 붙어 있어요. 어미가 알 하나하나 낳을 때마다 하얀 분비물을 내보내 철사처럼 기다란 실을 만든 다음 그 실 맨 끝에 알을 낳아 붙였기 때문이에요. 실 끝에 매달린 알은 긴 꽃대 위에 피어난 꽃 같기도 하고, 곰팡이가 핀 것도 같아요. 하얀 실을 살살 만져 보니 질긴 데다 휘어지지도 않고 빳빳하네요. 입김을 훅 불어도 알은 실에 딱 달라붙어 있습니다.

왜 어미 풀잠자리는 이렇게 알을 낳을까요? 그야 알이 아무 탈 없기를 바라기 때문이지요. 어미는 알을 낳고 죽으니 알을 돌볼 수가 없어요. 그래서 알을 잎이나 줄기에 딱 붙여 낳기보다 실 끝에 붙여 공중에 매달아 두어요.

알이 공중에 떠 있으니 천적 눈에 잘 띄지 않아요. 더구나 몸이 무거운 천적이 가느다란 실을 타고 올라가다가는 떨어질 수 있지요. 그래서 개미나 무당벌레 같은 천적들이 알을 마음대로 먹어 치우지 못합니다. 또 풀잠자리 애벌레는 육식성 곤충이에요. 육식성 곤충은 배가 고프면 식구라 해도 상관 않고 잡아먹어요. 아무리 같은 풀잠자리라고 해도 먼저 깨어난 애벌레가 다른 알을 먹어 치울 수 있습니다. 그래서

풀잠자리 알
풀잠자리 알은 가느다란 실 맨 끝에 붙어 있다.

이렇게 어미는 몇십 개 알을 한군데 낳아도 서로 떨어뜨려 공중에 매달아 놓아 알을 지키는 거예요.

쓰레기 짐꾼

알을 낳은 지 두 주쯤 지났습니다. 실에 붙은 알에서 애벌레가 태어나 꼬물꼬물 움직여요. 애벌레는 몸 색깔이 짙은 잿빛이고, 털 돌기들이 붙어 있군요. 갓 태어난 1령 애벌레는 열 시간 넘게 알을 떠나지 않아요. 그러다 실을 타고 엉금엉금 기어 내려옵니다. 이제부터 애벌레 시절이 시작됩니다. 애벌레도 어른벌레처럼 타고난 사냥꾼이라 자기보다 힘이 약한 곤충들을 잡아먹고 살아요. 하지만 제아무리 육식성이라지만 몸집이 작아서 힘센 천적을 만나면 잡아먹히기 일쑤지요. 그러니 마음 놓고 사냥하려면 힘센 천적을 따돌려야 하겠죠? 그래서 애벌레는 자신을 쓰레기 더미처럼 보이도록 몸을 꾸민답니다. 어떻게 하냐면 등에 쓰레기를 짊어지고 다니는 것이지요.

마침 현사시나무 잎 위를 쓰레기 뭉치가 뒤뚱뒤뚱 걸어 다니고 있네요. 자세히 살펴보니 쓰레기 뭉치 아래에 가느다란 다리가 숨어 있어요. 다리를 꼬물꼬물 움직일 때마다 등에 진 쓰레기 뭉치도 같이 움직입니다. 도대체 애벌레는 지고 다니는 쓰레기 뭉치를 어디서 얻었을까요? 궁금한 나머지 뽈뽈뽈 도망가는 애벌레를 살며시 잡아 손바닥 위에 올려놓고 등에 진 쓰레기 뭉치를 들여다봤습니다.

쓰레기 뭉치에는 잎에 난 솜털, 나무 부스러기, 곤충 껍질들이 섞여 있네요. 애벌레는 잎 뒷면에 붙어 있는 솜털을 주둥이로 긁어다 자기 등에 얹고, 둘레에 있는 나무 부스러기도 끌어다 등에 얹고, 심지어 사냥해서 먹고 남은 곤충 껍질까지 등에 얹어요. 이때 배 꽁무니에서 끈적이는 물이 나와서 솜털과 나무 부스러기 따위가 등에서 안 떨어지게 꼭 붙입니다. 등에 쓰레기 뭉치를 얹고 있으니, 몸뚱이가 쓰레기 뭉치에 가려 아예 보이지 않네요. 그래서 천적 눈에는 애벌레가 먹잇감으로 보이지 않고 쓰레기로 보입니다. 이보다 더 뛰어난 변장술이 있을

풀잠자리 애벌레
풀잠자리 애벌레는 등에 쓰레기를 지고 다닌다.

까요?

　쓰레기 뭉치를 지고 다니면 정말로 천적에게 잡아먹히지 않을까 궁금해서 실험을 해 보았습니다. 그랬더니 정말로 개미는 쓰레기 더미를 지고 다니는 풀잠자리 애벌레는 안 잡아먹고, 쓰레기 뭉치가 없는 애벌레만 잡아먹었어요. 그러니 등에 진 쓰레기 뭉치는 애벌레를 지켜 주는 방패막이 노릇을 톡톡히 한 셈이네요.

　이렇게 풀잠자리과 집안에는 여러 가지 부스러기를 등에 지고 사는 애벌레가 많습니다. 주로 잎이나 줄기, 식물 부스러기, 자기가 잡아먹은 동물 주검 따위를 짊어지고 살아요. 그래서 풀잠자리 애벌레에게 '쓰레기 운반자(trash carrier)'라는 별명이 붙었습니다. 물론 풀잠자리 애벌레 가운데 쓰레기를 안 짊어지고 맨몸으로 살아가는 종도 있어요.

갖춘탈바꿈하는 풀잠자리

　풀잠자리 애벌레는 등에 쓰레기 뭉치를 짊어진 채 천적 눈을 피해 힘없는 곤충들을 잡아먹으면서 애벌레 시절을 지내요.

　그리고 다 자란 풀잠자리 애벌레는 갖춘탈바꿈을 하기 때문에 번데기로 탈바꿈합니다. 애벌레는 번데기가 되기 전에 번데기 방인 고치를 만들어요. 몸속 말피기 소관이라는 곳에서 만든 실을 배 꽁무니로 뽑아 고치를 짓지요. 몸뚱이를 이리저리 구부리고, 배 끝을 실룩실룩 움직이며 지은 고치는 탁구공처럼 동그래요. 더구나 실로 덮여 있어서 언뜻 보면 거미 알 주머니처럼 보입니다. 애벌레는 고치 속에서 애벌레 때 입었던 옷을 벗고 번데기로 탈바꿈하죠. 번데기가 된 지 10~20일이 지나면 어른벌레로 날개돋이 해서 고치를 뚫고 나옵니다. 어른벌레는 진딧물처럼 힘없는 곤충을 잡아먹으며 한 달쯤 삽니다.

풀잠자리 사냥

풀잠자리는 무당벌레처럼 어른벌레와 애벌레 모두 작은 곤충들을 잡아먹고 살아요. 채소나 과일나무에 꼬이는 진딧물 같은 곤충을 유난히 좋아하죠.

그런데 어른벌레와 애벌레는 같은 육식성이지만 주둥이 생김새가 달라서 먹는 법이 서로 달라요. 어른벌레는 와작와작 씹어 먹는 주둥이를 가졌고, 애벌레는 먹이 몸속에 쿡 찔러 체액만 쭉쭉 빨아 마시는 주둥이를 가졌습니다.

애벌레 주둥이는 날카로운 집게처럼 생겨서 먹잇감 몸에 푹 찔러 넣을 수 있어요. 그래서 진딧물을 보면 곧바로 주둥이를 진딧물 몸속에 쿡 찔러 넣고서는 체액을 쭉쭉 빨아 먹지요. 밥을 다 먹고 나면 진딧물은 빈 껍데기만 남습니다. 그래서 풀잠자리 애벌레가 사는 곳에는 체액을 다 빨리고 껍데기만 덩그러니 남은 진딧물 주검이 많아요. 그래서 서양에서는 풀잠자리 애벌레를 진딧물 천적이라는 뜻으로 '진딧물사자(aphidlions)'라고 합니다.

똥을 뒤집어쓴
백합긴가슴잎벌레

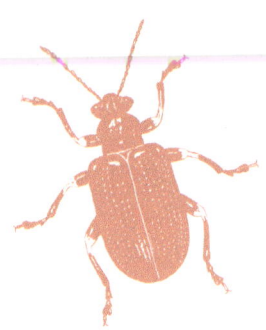

　5월 말은 여름 길목이에요. 몇 년 전 마당 구석구석에 심었던 참나리와 백합이 수북하게 잎을 내고 있어요. 뾰족뾰족하고 길쭉한 잎이 참 싱싱하네요. 그런데 새로 난 잎이 벌레한테 파먹혀 구멍이 지저분하게 뚫렸어요. 누가 찾아왔지? 살금살금 겹쳐진 잎들을 뒤적이니 빨간 옷을 입은 백합긴가슴잎벌레가 새초롬히 앉아 있네요. 너무나 반가워서 한참동안 찬찬히 바라보았어요.

백합과 참나리는 백합긴가슴잎벌레 밥상

　백합긴가슴잎벌레는 몸이 딱딱한 딱정벌레목 가문에 잎벌레과 집안 식구예요. 잎벌레는 말 그대로 잎을 먹는다고 붙은 이름이지요. 잎벌레들은 입맛이 별나서 저마다 좋아하는 식물 잎만 먹어요. 쑥잎벌레는

여러 가지 잎벌레

백합긴가슴잎벌레
몸길이 8mm 안팎

돼지풀잎벌레
몸길이 4~7mm

박하잎벌레
몸길이 7~9mm

콩잎벌레
몸길이 2mm 안팎
암컷　수컷

질경이잎벌레
몸길이 5mm 안팎

크로바잎벌레
몸길이 4mm 안팎

고구마잎벌레
몸길이 5~6mm

오이잎벌레
몸길이 5~8mm

파잎벌레
몸길이 11~12mm

아스파라거스잎벌레
몸길이 6~7mm

홍줄큰벼잎벌레
몸길이 4mm 안팎

점박이큰벼잎벌레
몸길이 5~6mm

배노랑긴가슴잎벌레
몸길이 5mm 안팎

적갈색긴가슴잎벌레
몸길이 5mm 안팎

고려긴가슴잎벌레
몸길이 8mm 안팎

붉은가슴잎벌레
몸길이 5~6mm

쑥을 먹고, 버들잎벌레는 버드나무 잎을 먹고, 돼지풀잎벌레는 돼지풀을 먹고, 좀남색잎벌레는 소리쟁이를 먹습니다. 그 가운데 백합긴가슴잎벌레는 백합이나 참나리 같은 백합과 식물을 먹지요.

여름 들머리에 백합긴가슴잎벌레가 백합 잎 위에 앉아 산들바람을 맞으며 맛있게 밥을 먹고 있어요. 백합 잎을 쑥덕쑥덕 한 입씩 베어 잘도 씹어 먹네요. 한참 뒤 배가 부른지 식사를 멈추고 몸단장을 합니다. 한가롭게 앞다리로 더듬이를 끌어당겨 쓰다듬고, 앞다리와 더듬이를 주둥이로 깨끗이 닦아요. 그렇게 가만히 앉아 있는 백합긴가슴잎벌레 몸을 자세히 들여다봅니다.

백합긴가슴잎벌레는 무엇보다도 몸 색깔이 빨개서 금방 눈에 확 띄어요. 몸 색깔 때문에 한번 보면 잊을 수가 없지요. 거기에 더듬이와 겹눈, 넓적다리마디와 종아리마디가 이어지는 무릎, 발목마디가 까매서 굉장히 멋스럽습니다. 몸길이는 7.0~8.5밀리미터로 제법 크고, 온몸에 참기름이라도 바른 듯이 반질반질 윤이 나요. 거기다 딱지날개에 자잘한 홈들이 줄지어 가지런히 찍혀 있어서 마치 잘 만든 조각 작품 뺨칠 정도예요. 앞가슴등판이 원통처럼 생겨서 길기 때문에 이름에 '긴가슴'이 들어갔습니다.

이렇게 한참을 쳐다보고 있는데. 어디서인지 수컷이 몸단장하고 있는 암컷에게 쫄쫄쫄 다가오네요. 가까이 온 수컷은 더듬이를 휘휘 저으며 한동안 암컷 눈치를 살펴요. 잠시 뒤 서로 마음에 들었는지 암컷

백합긴가슴잎벌레 짝짓기

과 수컷이 짝짓기를 합니다. 암컷은 백합 잎을 먹고, 수컷은 암컷 등에 업혀 사랑을 나누네요. 바로 그때, 호박벌이 붕 소리를 내며 암컷과 수컷 위를 스치고 지나갔어요. 그 소리에 깜짝 놀란 암컷과 수컷은 더듬이를 배에 딱 붙이고 여섯 다리를 잔뜩 오그린 채 나무토막처럼 백합 잎 아래로 뚝 떨어지네요. 이렇게 땅바닥에 떨어졌어도 암컷과 수컷은 여전히 짝짓기 자세를 흐트러뜨리지 않은 채 어정쩡하게 옆으로 누워 움직이지 않아요. 잠시 그렇게 꼼짝도 안 하고 있습니다. 지금은 정신을 잃고 있기 때문에 시간이 지나야 정신을 차려요. 몇 분 지나자 암컷과 수컷 다리와 더듬이가 다시 움직이네요. 깨어나자마자 서로 떨어져 부리나케 잎 뒤로 도망칩니다.

똥을 뒤집어쓴 백합긴가슴잎벌레 애벌레

짝짓기를 마친 엄마 백합긴가슴잎벌레는 알 낳을 곳을 찾아 다녀요. 다행히 멀리 가지 않아도 된답니다. 아기 애벌레가 먹는 밥도 엄마 백합긴가슴잎벌레가 먹던 백합 잎이라 멀리가지 않아도 되거든요. 엄마 백합긴가슴잎벌레는 백합 잎 뒷면에 앉아 알을 하나씩 낳아 붙여요. 알이 나올 때마다 끈적이는 물이 함께 나와서 알이 잎에 잘 붙도록 도와줍니다. 하나 낳고, 또 하나 낳고, 이렇게 수십 개 알을 잎 뒷면에 쪼르륵 낳아요. 알을 다 낳은 엄마는 힘이 빠져 죽습니다.

백합긴가슴잎벌레 알

열흘 뒤, 알에서 아기 백합긴가슴잎벌레 애벌레가 태어났어요. 이제부터 아기 애벌레는 엄마 아빠 없이 혼자 힘으로 살아가야 해요. 자기 운명을 알고 있다는 듯 본능적으로 아기 애벌레는 연한 잎으로 기어가요. 이때 다른 알에서 깨어난 형제자매들도 하나둘 잎에 모입니다. 이제부터 애벌레들은 애벌레 시절 내내 대부분 함께 모여서 살지요.

애벌레는 튼튼한 주둥이로 백합 잎을 맛있게 먹으며 배를 채웁니다. 잎 하나를 다 먹으면 뒤뚱뒤뚱 걸어 바로 옆에 있는 잎으로 가는데, 놀랍게도 가장 먼저 온 애벌레가 다른 애벌레를 부르는 집합페로몬을 내뿜어요. 그러면 다른 형제자매들도 그 냄새에 이끌려 모여들지요. 이렇게 애벌레끼리 모여 사는 까닭은 살아남기 위해서예요. 여럿이 함께 모여 있으면 천적 눈에 먹잇감이 굉장히 커 보이겠죠. 그러면 사냥을 포기하고 다른 곳으로 발길을 돌릴 수 있어요. 물론 때로는 잡아먹히기도 하지만 혼자 있을 때보다는 덜 잡아먹힙니다.

더 재미있는 것은 애벌레는 자기가 싼 똥을 등에 뒤집어쓰고 다닙니다. 그래서 언뜻 보면 꼭 새가 싼 똥 덩어리 같아요. 힘없는 애벌레가 살아남기 위해서는 똥도 마다하지 않고 짊어지고 다니면서 살길을 찾는 것이지요.

번데기는 땅속에서

어느 날 다 자란 애벌레들이 하나도 보이지 않네요. 어찌된 일일까

백합긴가슴잎벌레 애벌레
애벌레는 자기가 싼 똥을 등에 짊어지고 다니며 몸을 숨긴다.

요? 애벌레들은 뒤뚱뒤뚱 걸어 땅으로 내려가 흙 속에서 번데기로 탈바꿈해요. 땅속에도 천적들이 있지만 땅 위보다 더 안전합니다. 깜깜한 흙 속에서 여름, 가을, 겨울을 보내고 이듬해 봄이 되어야 어른벌레로 날개돋이 합니다. 어른 백합긴가슴잎벌레는 한 해에 단 한 번 얼굴을 보여 줘요. 백합 잎이 새로 돋아나는 5~6월에 나와 밥도 먹고 짝짓기도 하고 알도 낳습니다.

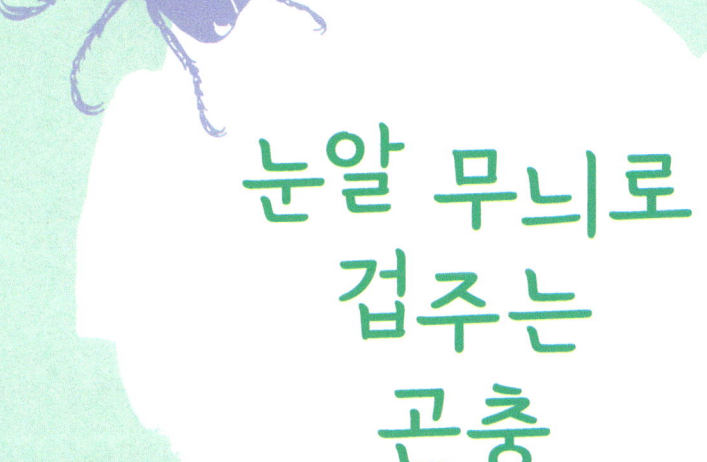

눈알 무늬로 겁주는 곤충

눈알 무늬로 노려보는
으름밤나방

 여름은 으름밤나방 계절이에요. 무더운 여름이지만 곤충들을 만나러 산길을 걸었습니다. 한 걸음 한 걸음 옮길 때마다 혹시나 으름밤나방 애벌레를 만날까 싶어 으름덩굴이란 으름덩굴은 죄다 뒤적거렸어요. 으름밤나방 애벌레가 즐겨 먹는 밥은 으름덩굴, 댕댕이덩굴, 새모래덩굴 잎사귀거든요.

 한참 뒤에야 생각했던 대로 으름덩굴 잎 위에 앉아 있는 시커먼 으름밤나방 애벌레를 찾았네요. 겹겹이 겹쳐진 잎 뒤에 몸을 S자로 비비 꼰 채 쉬고 있어요. 등짝에 동그란 눈이 서슬 퍼렇게 박혀 있어서 나도 모르게 깜짝 놀라 움찔했어요.

 으름밤나방 애벌레는 몸집이 어른 손가락만큼 길고 굵어서 맨눈으로도 잘 볼 수 있어요. 살갗에는 털이 하나도 붙어 있지 않아서 몸이 반

으름밤나방
날개 편 길이 95~100mm

눈알 무늬로 노려보는 으름밤나방

들반들해요. 살짝 만져 보니 비단결처럼 보드랍네요. 그런데 아무리 봐도 애벌레 생김새가 참 남달라요. 몸을 S자로 비비 꼰 채 웅크리고 있어서 어디가 머리인지 어디가 배 꽁무니인지 잘 알 수가 없습니다. 찬찬히 살펴보니 머리를 배 쪽으로 푹 수그리고 있고, 배 꽁무니는 하늘을 우러러 위로 치켜들고 있네요.

몸 색깔은 굉장히 요란하고 현란해요. 온몸은 자줏빛이 감도는 까만색인데 파란 작은 점들이 무수히 찍혀 있어요. 마치 밤하늘에 별들이 무수히 떠 있는 것 같답니다. 배 꽁무니 쪽에도 그물처럼 얽힌 무늬가 그려져 있어요.

무엇보다도 눈에 띄는 건 커다랗게 부릅뜬 '눈알 무늬'예요. 커다란 눈알 무늬가 몸 가운데인 두 번째와 세 번째 배마디 옆구리 쪽에 뚜렷하게 찍혀 있습니다. 눈알 무늬는 모두 네 개 있어요. 왼쪽 옆구리에 두 개, 오른쪽 옆구리에 두 개가 있지요. 눈알 무늬는 색깔이 너무 뚜렷해서 한 번만 봐도 정신이 번쩍 들 만큼 섬뜩해요. 눈알 무늬를 잘 보세요. 눈자위는 노랗고, 눈동자는 까매요. 눈동자에 찍혀 있는 점은 파래서 보면 볼수록 강렬합니다. 마치 금방이라도 까만 눈동자가 툭 튀어나올 것 같네요.

눈알 무늬

도대체 이 눈알 무늬는 왜 있는 걸까요? 이 무늬는 진짜 눈이 아니라

으름밤나방 애벌레 몸에는 눈알처럼 생긴 무늬가 있다.

 가짜 눈이에요. 으름밤나방 애벌레는 천적에게 겁을 주려고 무서운 가짜 눈을 달고 있는 거예요. 아기 으름밤나방 애벌레는 몸집만 컸지 자기 몸을 지킬 무기나 독을 가지고 있지 않아요. 그 대신 눈알 무늬를 몸에 새겨 넣었지요. 천적이 애벌레를 보면 커다란 눈동자에 깜짝 놀라 도망치게 만듭니다.

아기 으름밤나방 애벌레는 밥을 먹을 때만 빼 놓고, 내내 몸을 웅크리고 살아요. 이때 2~3번째 배마디가 새우 등처럼 불쑥 올라오는데, 신기하게도 불쑥 올라온 곳에 커다란 눈알 무늬가 찍혀 있어서 눈에 확 띄어요. 더 놀라운 것은 눈알 무늬 안에 있는 눈동자가 눈자위 한가운데 있지 않고 한쪽으로 치우쳐 있습니다. 그래서 눈알 무늬를 어느 쪽에서 보든지 눈알이 상대방을 노려보는 것 같은 착각을 일으키죠. 눈알 무늬를 앞에서 봐도, 왼쪽에서 봐도, 오른쪽에서 봐도 눈알이 나를 바라보고 있어요. 그래서 천적은 자기를 똑바로 뚫어지게 노려보는 으름밤나방 애벌레 눈알 무늬를 보자마자 겁을 잔뜩 먹지요. '아, 무서워, 독이 있을 것 같아.' 하며 피해 버린답니다. 뿐만 아니라 눈알 무늬 색깔도 천적을 겁먹게 하지요. 노란색과 하얀색이 섞인 눈알 무늬는 까만 몸에 찍혀 있어서 유난히 도드라져 보이기 때문이에요.

하지만 아기 으름밤나방 애벌레 둘레에는 늘 천적들이 들끓어요. 몸에 무서운 눈알 무늬를 그려 넣고 '나 무섭지?' 하며 으름장을 놓아도 새나 기생벌, 말벌 같은 천적을 당해 낼 도리가 없답니다.

자벌레처럼 기는 애벌레

잔뜩 웅크리고 있는 아기 으름밤나방 애벌레를 살짝 건드려 봤어요. 그랬더니 몸을 m자로 펴고는 슬금슬금 기어가네요. 쭉 펼친 몸길이는 10센티미터가 넘어요. 기어가는 다리를 세어 보니 모두 7쌍이에요. 보통 나비나 나방 애벌레는 다리가 8쌍이거든요. 가슴다리 3쌍, 배다리 4쌍, 꼬리다리 1쌍이 있어요. 다리 한 쌍이 사라졌네요. 도대체 어떤 다리가 사라졌을까요?

원래 배에는 배다리가 4쌍 붙어 있는데, 으름밤나방 애벌레는 한 쌍이 없어져서 3쌍만 남아 있어요. 심지어 가슴다리와 배다리 사이가 멀찌감치 떨어져 있네요. 가슴다리는 머리 쪽에 붙어 있고, 배다리는 배 끄트머리에 붙어 있습니다.

그래서 으름밤나방 애벌레는 여느 나방 애벌레처럼 굼실굼실 기어가지 못하고, 자나방과 가지나방 무리 애벌레인 자벌레처럼 따박따박 자로 잰 듯이 기어다닙니다. 몸을 쭉 폈다가 둥글게 구부렸다가 또다시 쭉 폈다가 둥글게 구부렸다 하며 기어가면 자벌레로 여기기 딱 좋아요. 하지만 으름밤나방 애벌레는 자벌레와 다른 밤나방과 집안 식구예요. 만약 밤나방 무리에 속한 다른 애벌레처럼 배다리가 배에 일정한 간격으로 붙어 있었다면 꼬물꼬물 기어갔을 거예요. 하지만 배다리가 배 꽁무니 쪽에 있다 보니 기어갈 때마다 자벌레처럼 등이 새우처럼 구부러지는 것이지요.

재미있게도 으름밤나방 애벌레는 몸 색깔이 풀빛이 나기도 하고 까맣기도 해서 두 가지예요. 하지만 몸 색깔이 풀색을 띠든 까만색을 띠든 모두 커다란 눈알 무늬와 자잘한 점무늬가 찍혀 있습니다.

어른벌레 밥, 애벌레 밥

으름밤나방은 무엇을 먹고 살까요? 어른벌레와 애벌레가 똑같은 밥을 먹고 살까요? 아니랍니다. 어른벌레와 애벌레는 주둥이가 서로 달라 먹는 밥이 달라요. 어른벌레는 주둥이가 빨대처럼 길쭉해서 꽃꿀이나 과일즙, 짐승 똥처럼 즙만 먹을 수 있어요. 하지만 애벌레는 주둥이가 씹어 먹을 수 있게 생겨서 식물 잎을 갉아 먹고 살지요. 그런데 입맛이 까다로워서 아무 식물이나 먹지 않고 으름덩굴 잎을 즐겨 먹습니다. 으름덩굴이 없으면 댕댕이덩굴, 새모래덩굴 잎도 먹어요.

으름덩굴은 혼자서는 꼿꼿이 일어서지 못하고 꼭 다른 나무를 타고 올라가며 사는 덩굴 식물이에요. 잎사귀는 아기 손같이 귀엽게 생겼지요. 꽃이 지고 나면 열매를 맺는데, 덩굴에 주렁주렁 매달린 열매는 마치 바나나처럼 생겼어요. 그래서 '조선 바나나'라는 별명이 붙었습니다. 열매는 달콤하고 부드러운데 씨앗이 아주 많아요. 처음에는 열매를 먹을 때 얼음처럼 차가운 느낌이 든다고 '얼음 과일'이라고 했어요. 그러다 나중에 '으름'이라는 이름으로 되었다가 '으름덩굴'이라는 이름으로 바뀌었습니다. 열매가 아주 달달해서 새들이 아주 좋아해요. 그런데 으름 씨앗은 새 배 속에 들어갔다가 나와야 싹이 잘 튼대요.

어른벌레 보호색

으름덩굴 잎을 맛있게 먹으면서 드디어 아기 으름밤나방 애벌레가

으름덩굴

새모래덩굴　　댕댕이덩굴

다 자랐어요. 애벌레는 고치를 짓기 위해서 나무줄기에 앉습니다. 그러더니 잎을 너덧 장 끌어 모은 뒤 주둥이에서 명주실을 토해서 잎을 얼기설기 붙여 고치를 짓네요. 몇 시간이 지나자 잎을 엮어 고치를 다 지었어요. 이제 애벌레 때 입었던 화려한 허물을 벗고 번데기로 탈바꿈합니다.

번데기가 된 지 보름이 지났어요. 드디어 고치를 헤치고 어른 으름밤나방이 날개돋이 해서 밖으로 나옵니다. 갓 날개돋이 한 어른 으름밤나방은 휴지처럼 꼬깃꼬깃 뭉친 날개를 쭉 펴고서 축축한 날개를 말리느라 나뭇가지에 매달려 쉽니다. 으름밤나방은 애벌레도 예쁘지만 어른벌레도 참 어여뻐요. 날개선이 한복 소매처럼 부드럽고 곱지요. 몸 색깔은 주홍빛이 도는 밤색이어서 가랑잎과 비슷한 보호색을 띱니다.

어느새 축축했던 몸이 다 말랐는지 으름밤나방이 훌쩍 날아가네요. 그런데 이게 웬일인가요? 밤색 겉날개가 활짝 펼쳐지자 황금색 뒷날개가 확 드러나요. 게다가 황금색 뒷날개에는 높은음자리표처럼 생긴 짙푸른 무늬가 그려져 있어서 깜짝 놀랐어요. 으름밤나방은 아무 일 없을 때에는 가랑잎 빛깔을 띠는 겉날개를 펼치고 꼼짝 않고 숨어서 천적 눈을 피해요. 하지만 위험해지면 겉날개를 갑자기 펼치면서 황금색 뒷날개를 보여 주며 천적에게 겁을 주죠. 이렇게 힘없는 어른벌레는 둘레와 비슷한 보호색을 띠어서 자기 몸을 지킵니다. 아기 으름밤나방 애벌레는 큼지막한 눈알 무늬로, 어른 으름밤나방은 보호색으로 천적들을 따돌리며 해마다 대를 이어 갑니다.

 으름밤나방은 한 해에 한살이가 적게는 두세 번 돌아가요. 그래서 마음만 먹으면 자주 만날 수 있습니다. 번데기 모습으로 겨울잠을 자다가 이듬해 5월쯤에 어른벌레로 날개돋이 해서 알을 낳아요. 4~7일 만에 구슬처럼 생긴 알에서 애벌레가 깨어나죠. 애벌레로는 13~24일쯤 지내고, 번데기가 되어 13~30일쯤 지나면 어른벌레로 날개돋이 합니다. 그래서 한살이 기간이 제법 짧은 편이에요.

뱀을 닮은
주홍박각시

여름이에요. 양평에 있는 오두막집 마당에 봉선화 꽃이 활짝 피었습니다. 손톱을 물들이려고 꽃을 따려는데 잎사귀가 쓱쓱 움직여요. 깜짝 놀라 들여다보니 커다란 애벌레 한 마리가 줄기를 타고 기어가고 있네요. 크고 시커먼 데다 스멀스멀 기어다니는 모습이 꼭 뱀하고 똑같아서 소스라치게 놀라 비명을 지를 뻔했어요. 눈치 빠른 애벌레도 인기척에 놀라 제자리에 딱 멈춰요. 성이 났는지 고개를 꼿꼿이 쳐들고 있으니 더 무섭네요. 누구일까요? 바로 뱀을 닮은 주홍박각시 애벌레입니다.

뱀 닮은 애벌레

고개를 치켜들며 겁주고 있는 애벌레를 이리저리 꼼꼼하게 들여다봤어요. 세상에! 덩치가 얼마나 큰지 어른 손가락만 하네요. 다 자란 애벌레는 몸길이가 80밀리미터나 되니 곤충이라고는 믿기지가 않습니다. 살갗은 뱀 껍질과 똑 닮았어요. 온몸은 밤색인데, 뱀 비늘처럼 생긴 나무껍질 무늬가 셀 수 없이 많이 새겨져 있습니다. 몸 마디마다 까맣고 동그란 무늬가 16개나 찍혀 있어요. 심지어 앞쪽 무늬는 커다랗게 부릅뜬 눈알처럼 생겨서 언뜻 봐서는 틀림없는 독뱀이네요.

주홍박각시 애벌레
생김새가 꼭 뱀처럼 생겼다. 등에는 눈알처럼 생긴 무늬가 있다.

주홍박각시 애벌레가 꼿꼿이 쳐들었던 고개를 숙이고서는 다시 굼실굼실 기어갑니다. 기어가는 애벌레를 살포시 쓰다듬어 보니 아기 살갗처럼 보들보들해요. 손길이 싫은지 애벌레 입에서는 풀색 물이 한 움큼 흘러나와요. 이 물에서는 풋풋한 풀 냄새가 진동합니다.

그래도 아랑곳하지 않고 줄곧 만졌더니 화가 단단히 났나 봐요. 몸이 딱딱하게 굳더니 윗몸을 크게 부풀리네요. 그러고서는 크고 묵직한 몸뚱이를 비틀며 왼쪽 오른쪽으로 휘둘러 대요. '턱! 턱!' 메치는 게 힘이 장사예요. 한참을 그렇게 몸을 메치다 지쳤는지 거칠게 휘둘러 대던 몸을 동그랗게 맙니다. 꼼짝도 안 하고 얌전히 앉아 있지만, 놀랍게도 무시무시한 눈알 무늬가 섬뜩할 만큼 노려보네요. 더구나 배 꽁무니에는 가시처럼 뾰족하게 돋은 돌기까지 달려 있어요. 그 모습이 마치 뱀이 똬리를 틀고 앉아 있는 것 같아 소름이 돋습니다.

흉내 내기

왜 주홍박각시 애벌레는 독을 가지고 있는 뱀 모습을 하고 있을까요? 소중한 자기 몸을 지키기 위해서지요. 애벌레는 몸뚱이만 컸지 사실은 자기 몸을 지킬 만한 무기나 독이 없어요. 애벌레는 풀을 갉아 먹는 초식성이라 번데기가 될 때까지 잎 위에서 먹고 자고 쉽니다. 그러다 보니 거미나 새 같은 천적들 눈에 잘 띄어요. 몸집까지 크니 천적들은 주홍박각시 애벌레를 못 잡아먹어 안달이 나요.

주홍박각시 번데기
번데기 옆에 마지막 벗은 허물이 놓여 있다.

 그렇다고 앉아서 당할 수만 없는 노릇이잖아요. 그래서 주홍박각시 애벌레는 독을 가지고 있는 뱀을 흉내 냈어요. 살갗은 뱀 껍질을 닮았고, 등에 있는 커다란 눈알 무늬는 뱀 무늬를 본뜬 것이지요. 앞쪽에 찍힌 눈알 무늬는 소용돌이처럼 생겨서 천적들이 슬슬 피해요. 새들은 소용돌이처럼 생긴 눈알 무늬를 엄청 싫어하지요. 이 눈알 무늬는 으름밤나방 애벌레가 가지고 있는 눈알 무늬처럼 어느 방향에서 보든 늘 상대방을 노려봅니다.

주홍박각시 애벌레 몸에 있는 눈알 무늬는 사람 눈과 거꾸로 눈동자가 하얗고 눈망울이 까매요. 거기다 눈동자가 한쪽으로 몰려 있는 사시예요. 그래서 앞에서 보든, 왼쪽에서 보든, 오른쪽에서 보든 눈길이 마주쳐서 노려보는 것 같답니다. 또 위험을 느끼면 배 앞쪽을 머리처럼 크게 부풀려서 눈알 무늬가 더 크게 보이게 하죠. 그러면 마치 독뱀 머리처럼 머리가 삼각형이 된답니다. 주홍박각시 애벌레를 잡아먹으려던 천적은 주홍박각시 애벌레를 독뱀인 줄 알고 거들떠보지 않을 수도 있습니다.

잎을 먹는 애벌레

주홍박각시 애벌레는 이렇게 무섭게 생긴 것과는 다르게 풀을 먹는 초식성 애벌레입니다. 가장 좋아하는 식물은 봉선화나 달맞이꽃 잎이에요. 하지만 애벌레는 먹성이 좋아서 털부처꽃, 포도나무, 우엉 같은 여러 식물 잎을 가리지 않고 먹습니다. 주둥이가 튼튼해서 잎을 남김없이 모조리 먹어 치우지요.

주홍박각시는 애벌레 시절 동안 모두 허물을 네 번 벗으며 무럭무럭 자라요. 그러던 어느 날, 먹보였던 애벌레가 통 먹을 생각을 안합니다. 신선한 봉선화 잎을 줘도 쳐다보지도 않네요. 땅으로 내려와 이리저리 돌아다니기만 합니다. 아, 이제 번데기 만들 때가 다가왔군요. 주홍박각시 애벌레는 흙 속으로 파고 들어가 땅속에서 번데기로 탈바꿈한답

봉선화

달맞이꽃

니다.

  번데기가 된 지 20일이 지났어요. 잠자코 쉬고 있던 번데기가 꿈틀거려요. 머리에서 가슴까지 난 탈피선이 쩍 벌어지더니 드디어 어여쁜 어른벌레가 날개돋이 해서 나옵니다. 시간이 지나면서 꼬깃꼬깃 뭉친 날개가 서서히 활짝 펼쳐지네요. 슬금슬금 펼쳐지는 날개를 보고 있자니 얼마나 신기하고 사랑스러운지 '와, 와' 그저 감탄사만 나옵니다.

  어른벌레 몸 색깔은 주황색과 분홍색이 섞여 있어서 마치 고운 비단 같아요. 몸집은 아기 손바닥만 해서 금방 눈에 띕니다. 몸 색깔만 보면 '분홍박각시'라는 이름이 더 잘 어울릴 것 같아요. 나방 가운데서 가장 아름답고 사랑스러운 나방을 꼽으라면 이 주홍박각시가 다섯 손가락 안에 들 것 같습니다.

  어른벌레가 된 주홍박각시는 저녁 바람에 기분 좋은 듯 풀 위에 앉아 쉬다가 갑자기 푸드득 날아가네요. 날개 힘이 얼마나 좋은지 잠시도 쉬지 않고 퍼덕거리며 이 꽃 저 꽃으로 날아다녀요. 살포시 꽃 위에 앉아 머리를 꽃 속에 푹 집어넣고 꽃꿀을 빨아 먹습니다. 사람들은 나비만 예뻐하고 나방을 싫어하지만, 주홍박각시를 보고 있으면 나방도 나비 못지않게 어여쁘다는 것을 알 수 있답니다.

  주홍박각시는 한 해에 어른벌레가 두 번 날개돋이 해서 나와요. 추운 겨울에는 번데기로 겨울잠을 잡니다. 우리나라 어느 곳에서나 살기 때문에 조금만 둘레를 둘러본다면 쉽게 만날 수 있습니다.

주홍박각시
날개 편 길이 | 57~63mm

독을 쏘는 곤충

방귀 폭탄을 쏘는
폭탄먼지벌레

 온 세상이 불탈 듯이 뜨거운 햇볕이 내리쬐는 무더운 여름이에요. 더운 낮에는 좀처럼 곤충을 보기 힘듭니다. 그래도 밤에는 더위가 한풀 꺾여서 곤충들이 슬그머니 기어 나와 놀아요. 이따금 불어오는 바람을 맞으며 밤길을 걷는데 길바닥에 벌써 곤충들이 나와 놀고 있네요. 흐릿한 가로등 불빛 아래서 쫄쫄거리며 돌아다니는 곤충 한 마리가 눈에 띄어요. 긴 다리로 겅중겅중 재빨리 걷는 폼이 먼지벌레예요. 가까이 다가가니 깜짝 놀란 먼지벌레가 후다닥 도망칩니다. 줄달음치는 먼지벌레를 인정사정 볼 것 없이 냉큼 손으로 잡았어요. 그러자마자 손가락이 후끈해서 나도 모르게 '앗 뜨거워.' 소리치며 먼지벌레를 내동댕이쳤답니다. 잠시 아찔할 만큼 화끈거려서 손가락을 마구 털며 호호 불었어요. 그 사이 먼지벌레는 '걸음아 날 살려라.' 하며 도망갔지요. 폭탄 세례를 받은 손가락을 손전등에 비춰 보니 까매졌네요. 폭탄을 쏘고 도망친 먼지벌레는 누굴까요? 이름도 무시무시한 폭탄먼지벌레입니다.

땅바닥을 누비는 폭탄먼지벌레

폭탄먼지벌레는 땅바닥에서 평생을 삽니다. 폭탄먼지벌레에게 땅은 억만금을 주어도 바꾸지 않을 아주 소중한 집인 셈이지요. 그래서 폭탄먼지벌레 몸은 땅에서 지내기 알맞게 바뀌었습니다. 우선 몸 색깔부터 남달라요. 검은색 바탕에 노란 무늬가 도형 무늬처럼 그려져 있어서 얼른 보아도 눈에 확 띕니다. 또 몸에는 여러 가지 색깔이 서로 뚜렷하게 어우러졌어요. 온몸은 까만데 머리는 노래요. 겹눈 사이에는 하트 모양처럼 생긴 까만 무늬가 있고, 노란 가슴 가운데에는 십자가처럼 생긴 까만 무늬가 있지요. 앞날개는 얼룩덜룩하고, 다리는 노랗답니다. 폭탄먼지벌레는 왜 이런 색깔을 띨까요? 이런 몸빛은 몸으로 말하는 경고색이에요. 천적들에게 '내 몸에는 독이 있어. 그러니 잡아먹지 마.' 하며 경고하는 것이지요. 다른 많은 곤충들은 몸빛이 땅 색깔과 비슷한 거무튀튀한 색을 띠어서 몸을 숨기는데 말이에요.

폭탄먼지벌레는 몸길이가 2센티미터나 될 만큼 몸집이 커서 맨눈으로도 잘 보여요. 땅바닥에서 걷고 뛰면서 평생을 살아야 하니 무엇보다 다리가 길지요. 걷는 데는 짧은 다리보다 긴 다리가 더 낫기 때문이

방귀 폭탄을 쏘는 먼지벌레

폭탄먼지벌레
몸길이 11~18mm

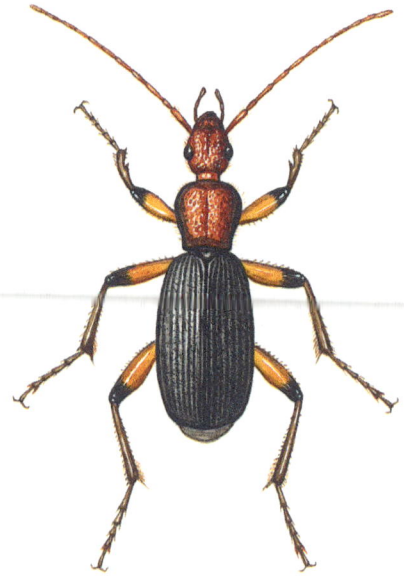

목가는먼지벌레
몸길이 20~22mm

남방폭탄먼지벌레
몸길이 17~20mm

꼬마목가는먼지벌레
몸길이 11~15mm

지요. 이 가운데 뒷다리는 몸길이와 거의 맞먹을 만큼 유난히 길어요. 먹이를 찾을 때는 긴 여섯 다리로 경중경중 걷다가도 위험하면 다리가 안 보일 만큼 먼지를 날리며 빠르게 달립니다. 물론 날개가 있어서 날 수도 있지만 땅바닥에서 살다 보니 나는 것보다 걷는 게 더 편한가 봐요. 날개는 짧아서 배를 다 덮지 못해 배 꽁무니가 살짝 드러납니다. 수컷 앞날개는 조금 더 길어서 배 끝을 거의 덮지만, 암컷 앞날개는 짧아서 배 끝을 다 덮지 못하죠.

땅바닥 청소부

폭탄먼지벌레는 이렇게 긴 다리로 땅바닥을 부지런히 걸어 다니며 먹이도 찾고, 짝도 찾아요. 먹성이 좋아서 이것저것 가리지 않고 아무것이나 잘 먹지요. 귀뚜라미나 나방 애벌레, 지렁이 같은 힘없는 생물 그 무엇이든 걸리기만 하면 다 잡아먹습니다. 심지어 동물 주검이나 버려진 음식물 쓰레기도 훌륭한 밥이에요. 이렇게 폭탄먼지벌레는 여기저기를 돌아다니며 청소부 노릇도 하니 참 고마운 곤충이지요. 그런데 육식성이라 배가 고프면 동족도 가리지 않고 잡아먹습니다. 폭탄먼지벌레에게는 자기 동족이라는 개념이 없어요. 배고프면 모두 맛있는 밥일 뿐이에요. 이렇게 동족을 잡아먹는 일은 곤충 세계에서는 흔한 일이라 그리 이상한 일도 아닙니다.

폭탄먼지벌레는 어떻게 땅 위에 널린 밥을 찾아 먹을까요? 더듬이가 단연 일등 공신이지요. 더듬이에는 수많은 감각 기관이 붙어 있어서 둘레에서 벌어지는 일을 잘 알아챌 뿐만 아니라 먹잇감 냄새도 잘 맡을 수 있습니다. 땅바닥을 걸어 다닐 때 늘 긴 더듬이를 휘휘 저으면서 먹잇감을 찾습니다. 큰턱까지 튼튼해서 어떤 먹이라도 야금야금 잘 먹을 수 있어요.

폭탄 만들기

폭탄먼지벌레는 밤에 나와 돌아다니는 곤충입니다. 이런 곤충을 한자말로 '야행성 곤충'이라고 하지요. 밤만 되면 물고기가 물 만난 듯이 나와서 돌아다녀요. 그러다 해가 떠오르면 돌멩이 밑, 가랑잎 아래, 흙 속, 땅 구멍, 널빤지 아래처럼 몸만 숨길 수 있는 곳이면 어디든지 쏜살같이 비집고 들어갑니다.

어두운 밤이 찾아오자, 폭탄먼지벌레는 먹이를 찾아 거리낄 것 없이 땅바닥을 누벼요. 그때 장지뱀과 딱 마주쳤습니다. 가만히 노리고 있는 장지뱀 폼이 폭탄먼지벌레를 한입에 삼켜 버릴 태세예요. 긴장감이 풀 먹인 실처럼 팽팽합니다. 숨죽이던 장지뱀이 긴 혀를 쭉 내뻗어 폭탄먼지벌레를 낚아챘어요. 하지만 폭탄먼지벌레를 입속에 넣으려는 순간 장지뱀이 깜짝 놀라 몸부림을 치네요. 폭탄먼지벌레가 폭탄을 쏘았기 때문이죠. 그 바람에 장지뱀은 폭탄먼지벌레를 서둘러 뱉어 냅니다. 땅에 떨어진 폭탄먼지벌레는 돌 밑으로 얼른 도망칩니다.

폭탄먼지벌레는 이렇게 꽁무니에서 폭탄을 쏘아서 자기 몸을 지킵니다. 그런데 어떻게 그 작은 몸에서 폭탄을 만들어 낼까요? 폭탄은 폭탄먼지벌레 배 속에서 여러 과정을 거쳐 만들어집니다. 우선 배 속에서는 두 종류 폭탄 원료가 만들어져요. 사진을 현상할 때 쓰는 약품인 '하이드로퀴논'과 상처를 소독할 때 쓰는 '과산화수소'라는 물질입니다. 이 두 가지 원료는 배 속에 있는 커다란 주머니처럼 생긴 저장실에 함께 모여요. 이 저장실은 굉장히 튼튼해서 독성이 센 하이드로퀴논과 과산화수소가 들어와도 끄떡없습니다.

아무르장지뱀
몸길이 10~20mm

폭탄먼지벌레가 천적을 만나면 재빨리 이 저장실 근육에 힘을 줘서 세게 쪼그라뜨립니다. 그러면 두 원료가 폭탄 만드는 방으로 재빨리 흘러 들어가죠. 이렇게 두 원료가 방에 들어오면 폭탄 만드는 방에서 나오는 효소 때문에 서로 뒤엉키면서 화학 반응을 일으킵니다. 그러면 강력한 폭발이 일어나죠. 폭탄 만드는 방 벽에서는 '카탈라제'와 '페록시다아제'라는 효소가 나옵니다. 이 효소가 하이드로퀴논과 과산화수소와 섞이면 눈 깜짝할 사이에 '벤조퀴논'이 들어 있는 폭탄이 만들어집니다. 더 놀라운 것은 이 폭탄이 만들어질 때 100도나 되는 뜨거운 열과 높은 압력이 생겨요. 이 높은 압력 때문에 뜨거운 독가스인 '벤조퀴논'이 배 꽁무니로 터져 나옵니다. 이때 뜨거운 열과 함께 '퍽' 하며 터지는 소리가 난답니다. 이렇게 방귀 폭탄이 배 꽁무니 밖으로 뿜어져 나와 천적에게 흩뿌려집니다.

100도나 되는 폭탄이 살갗에 닿으면 화상을 입게 되고, 독 때문에 살갗이 가렵습니다. 그뿐만 아니라 폭탄에 들어 있는 벤조퀴논은 맛이 아주 역겨워요. 멋모르고 잡아먹으려던 천적 입속에서 폭탄이 터지면 아주 혼쭐이 나지요. 폭탄먼지벌레는 천적 입속으로 들어가서도 줄곧 폭탄을 터뜨려요. 천적은 너무 뜨거운 나머지 폭탄먼지벌레를 서둘러 뱉어 버립니다. 게다가 역겨운 냄새와 맛을 씻어 내려고 애쓰는데, 이 폭탄 냄새와 맛은 오랫동안 가시지 않아요. 이렇게 천적이 놀라 몸부림치는 사이에 폭탄먼지벌레는 뒤도 안 돌아보고 줄달음질을 치지요.

곤충 가운데 자기 몸을 지키는 으뜸가는 곤충을 뽑으라면 폭탄먼지벌레가 두말할 것도 없이 일등이지요. 이렇게 자기 몸을 지키는 데에는 폭탄먼지벌레를 따를 곤충이 없습니다. 또 방귀를 잘 뀌는 것으로 따지면 사람이나 스컹크와 겨뤄도 절대로 지지 않아요.

폭탄먼지벌레는 위험할 때 꽁무니에서 방귀 폭탄을 쏜다.

먼지벌레 무리

먼지벌레 무리는 딱정벌레 가운데 제법 큰 무리를 이루는 곤충이에요. 하지만 생김새가 다들 엇비슷해서 눈으로 서로 종을 가려내기가 아주 어려운 곤충입니다. 거의 밤에 나와 돌아다녀요.

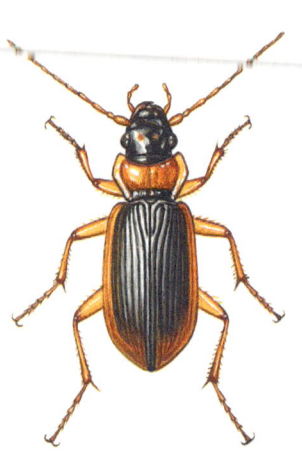

노랑선두리먼지벌레
몸길이 13~17mm

큰조롱박먼지벌레
몸길이 28~38mm

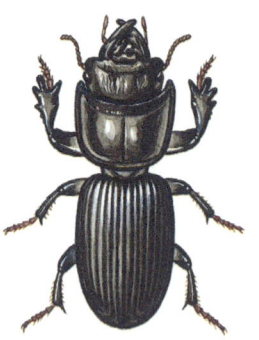

조롱박먼지벌레
몸길이 15~20mm

한국길쭉먼지벌레
몸길이 20mm 안팎

밑빠진먼지벌레
몸길이 8~9mm

먼지벌레
몸길이 9~10mm

큰먼지벌레
몸길이 23mm 안팎

멋무늬먼지벌레
몸길이 10mm 안팎

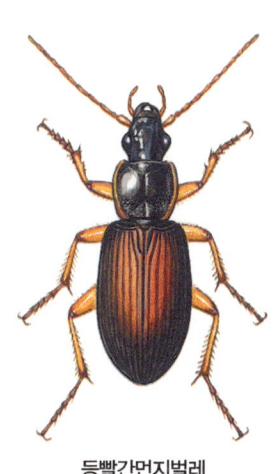

등빨간먼지벌레
몸길이 19mm 안팎

줄먼지벌레
몸길이 22~23mm

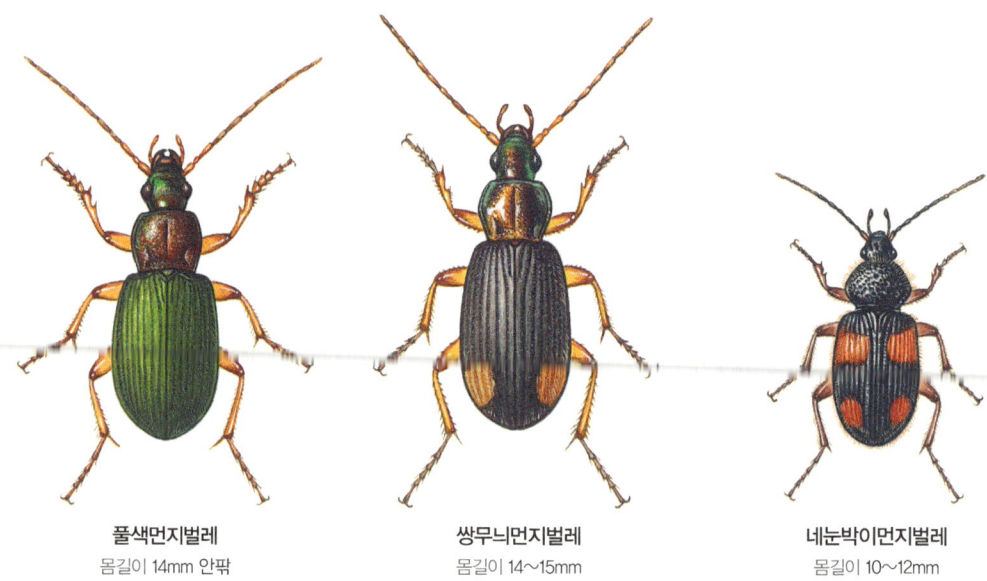

풀색먼지벌레
몸길이 14mm 안팎

쌍무늬먼지벌레
몸길이 14~15mm

네눈박이먼지벌레
몸길이 10~12mm

큰노랑테먼지벌레
몸길이 19~22mm

큰털보먼지벌레
몸길이 17~19mm

끝무늬먼지벌레
몸길이 15~17mm

납작선두리먼지벌레
몸길이 9~11mm

육모먼지벌레
몸길이 5~6mm

목대장먼지벌레
몸길이 6~7mm

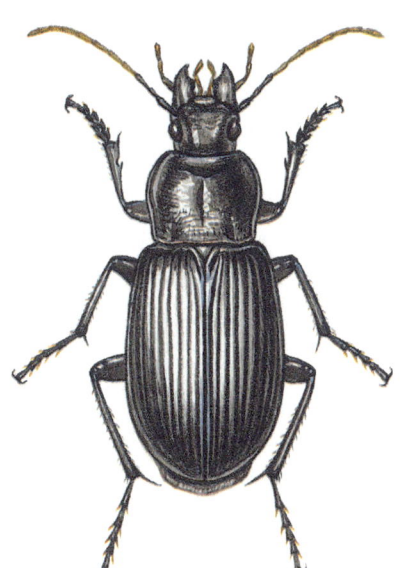
모래사장먼지벌레
몸길이 20~26mm

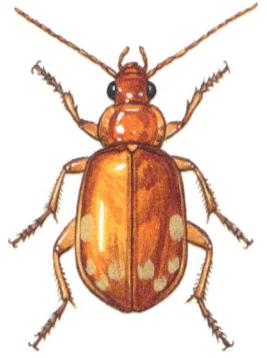
팔점박이먼지벌레
몸길이 11~12mm

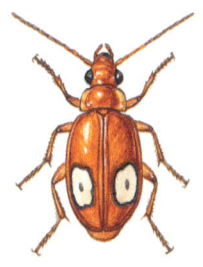
쌍점박이먼지벌레
몸길이 9mm 안팎

보석처럼 예쁜
큰광대노린재

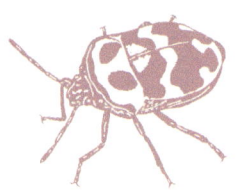

여름 무더위가 한풀 꺾인 가을 문턱이에요. 아침저녁으로 제법 선선한 바람이 불어와 숨통이 트이네요. 기분 좋게 곤충을 만나러 들에 나갔습니다. 오솔길 언저리에는 회양목이 수십 그루 자라고 있어요. 진한 회양목 내음이 물씬 풍겨 나옵니다. 천천히 길을 걷는데, 회양목 잎에 보석처럼 반짝반짝 빛나는 곤충들이 주렁주렁 달려 있네요. 알록달록한 빛깔에 두 눈이 번쩍 뜨여 자세히 보니 아기 큰광대노린재 애벌레들이 죄다 모여 있습니다. 수십 마리도 넘게 붙어 있으니 눈부시게 화려하네요. 이 가을날에 무슨 일로 아기 큰광대노린재 애벌레들이 죄다 나왔을까요?

큰광대노린재
몸길이 17~20mm

광대노린재
몸길이 17~20mm

보석처럼 예쁜 큰광대노린재 • 129

화학 폭탄

아기 큰광대노린재 애벌레들이 바글바글 모여 있는 회양목 줄기를 당겨 봤어요. 놀란 애벌레들이 뒤뚱뒤뚱 걸어 흩어집니다. 미안하지만 잎사귀로 도망치는 몇 마리를 손끝으로 살며시 건드려 봤어요. 그랬더니 갑자기 지독한 냄새가 물씬 풍기네요. 애벌레를 만진 제 손에는 축축한 물기가 묻어 있어요. 나도 모르게 손끝을 코에 대고 냄새를 맡았답니다. 하지만 시큼하면서 역겨운 냄새가 코를 찔러 서둘러 손을 뗐지요.

이 지독한 냄새의 정체는 큰광대노린재가 터뜨린 화학 폭탄이랍니다. 이 폭탄은 큰광대노린재가 자기 몸을 지키는 훌륭한 방어 물질이지요. 큰광대노린재는 천적과 맞닥뜨리면 곧바로 배 속에서 폭탄을 만든 뒤 펑 터뜨려 천적을 혼내 줍니다. 폭탄에는 독이 많이 들어 있고, 냄새도 지독해서 천적들이 싫어하지요.

큰광대노린재가 쏘는 폭탄은 대부분 '알데히드'와 '케톤'이라는 물질로 만들어요. 그 가운데 특히 '트랜스-이-헥세날(trans-2-hexenal)'이라는 물질이 가장 널리 알려져 있지요. 큰광대노린재는 위험을 느끼면 몸속에 있는 분비샘에서 화학 폭탄 원료인 '에스터'가 나와 폭탄을 만드는 방으로 옮겨 갑니다. 이때 효소도 함께 나와 폭탄 만드는 방으로 들어가죠. 효소는 폭탄을 만드는 데 꼭 필요한 물질이에요. 폭탄을 만드는 방에서도 이들 재료와 섞일 '카르보닐기'라는 화합물이 나옵니다.

드디어 모든 원료가 섞이고, 여러 화학 반응들이 일어나면 생화학 폭탄인 '알데히드'가 마지막으로 만들어집니다.

그러면 이렇게 만든 폭탄은 어떻게 터뜨릴까요? 어른벌레는 뒷가슴 옆구리에 뚫린 구멍으로 쏘고, 애벌레는 날개가 없으니까 등에 뚫린 구멍으로 쏩니다. 폭탄에는 물기가 살짝 들어 있어요. 그래서 폭탄을 쏘면 일부는 공중으로 날아가고 일부는 구멍 둘레를 촉촉이 적십니다. 그러면 폭탄에 들어 있는 독이 오래도록 남아 역겨운 냄새를 풍깁니다. 이 냄새 때문에 천적은 쉽게 가까이 다가오지를 못하지요.

큰광대노린재 2령 애벌레

겨울잠 자는 애벌레

아기 큰광대노린재 애벌레들은 안갖춘탈바꿈을 하기 때문에 어른벌레와 생김새가 많이 닮았습니다. 아기 큰광대노린재 애벌레들은 결코 혼자 사는 법이 없어요. 더구나 유난히 가을이 되면 마치 잔칫날이라도 된 듯이 회양목 잎과 줄기에 바글바글 모여 살아요. 적게는 대여섯 마리에서 많게는 수십 마리까지 함께 모여 밥도 먹고 잠도 자지요. 이렇게 모이는 데는 집합페로몬이 큰 몫을 합니다. 흩어져 사는 것보다 모여 살면 얻는 것이 더 많습니다. 이렇게 떼로 모여 있으면 천적에게는 몸집이 큰 곤충처럼 보여서 함부로 달려들지 않죠.

아기 큰광대노린재 애벌레들은 따뜻한 낮에 나와 밥을 먹으며 몸에 영양분을 쌓아 두다가 날씨가 추워지면 이제 하던 일을 모두 멈춥니다. 그리고 돌 틈이나 나무껍질 아래, 수북하게 쌓인 가랑잎 더미 속, 바람이 몰아치지 않는 덤불 속 같은 따뜻한 곳으로 들어가 기나긴 겨울동안 겨울잠을 자요. 대부분 다 자란 애벌레 모습으로 겨울을 보냅니다.

보석 뺨치는 큰광대노린재

따사로운 햇볕이 산과 들을 흠뻑 적시는 봄이 왔어요. 이때가 되면 가랑잎 더미 속에서 겨울잠을 쿨쿨 자던 큰광대노린재 애벌레들이 기지개를 켜고 일어나요. 눈부신 봄 햇살을 받으며 성큼성큼 걸어서 다시 회양목 나무를 찾아갑니다. 큰광대노린재 애벌레들은 하나둘 회양목에 새로 돋아난 잎에 모여 침처럼 뾰족한 주둥이를 꽂고 즙을 빨아 먹습니다. 다들 겨우내 굶주렸던 배를 채우느라 정신이 없네요.

몇 주 뒤, 실컷 배를 채운 큰광대노린재 애벌레들이 드디어 애벌레 때 입었던 허물을 벗고 어른벌레로 탈바꿈합니다. 등 쪽에 있는 탈피선이 살살 갈라지면서 주황색 어른벌레가 나오네요. 한참 동안 허물을 벗으려 발버둥을 칩니다. 드디어 어른 큰광대노린재가 허물에서 다 빠져나왔습니다. 밖에 나온 어른 큰광대노린재는 꼼짝 않고 잠시 쉬면서 몸을 말려요. 말랑말랑한 몸이 시나브로 딱딱하게 굳으면서 주황색 몸 색깔이 차츰 아롱다롱한 무지개 색깔로 바뀝니다. 햇빛이 비치자 몸은 알록달록 무지개 빛깔로 반짝반짝 빛이 납니다. 화려한 무늬가 얼마나 아름다운지 눈이 다 부실 지경이에요. 어느 화가가 저리 고운 색깔을 만들어 낼 수 있을까요!

알 낳는 엄마 큰광대노린재

어른벌레는 배불리 밥을 먹으며 마음에 드는 짝을 만나 짝짓기를 해요. 짝짓기를 무사히 마친 엄마는 회양목 잎 뒷면에 줄을 맞춰 알을 하나씩 하나씩 가지런히 낳습니다.

알을 낳은 지 두 주가 지났어요. 이제 알에서 깨어난 아기 큰광대노린재 애벌레는 엄마 아빠처럼 회양목 즙을 쭉쭉 빨아 먹으며 자랍니

큰광대노린재 4령 애벌레

큰광대노린재 5령 애벌레

다. 애벌레가 하루 종일 할 일이라고는 오로지 먹는 일뿐이에요. 몸을 튼튼하게 키워 어른이 될 몸을 만드는 일이지요. 잘 때와 쉴 때만 빼고 먹기만 해요. 먹다가 몸이 불어나면 허물을 벗고, 또 먹고 몸이 커지면 허물을 또 벗습니다. 이렇게 허물을 모두 네 번 벗으며 무럭무럭 자랍니다.

재미있게도 애벌레는 허물을 벗을 때마다 몸 색깔이 조금씩 바뀌어요. 어렸을 때는 초록빛과 파란빛이 섞인 바탕색에 주홍색 띠무늬가 있어요. 다 자란 5령 애벌레가 되면 몸빛이 훨씬 알록달록해집니다.

큰광대노린재는 노린재목 가문에 광대노린재과 집안 식구에요. 큰광대노린재와 가까운 친척은 광대노린재로, 흔히 만날 수 있습니다. 이들은 한 해에 한 번씩 한살이가 돌아가요. 또 안갖춘탈바꿈을 해서 번데기 시절이 없이 애벌레 시절에서 곧바로 어른으로 탈바꿈합니다.

독침이 무서운
말벌

　7월에 비가 맑게 갠 아침이에요. 며칠 동안 내린 비로 숲이 말갛습니다. 갈참나무 나무껍질 사이에서 달달한 나뭇진이 흘러내려요. 며칠 내린 비 때문에 굶주린 곤충들이 나뭇진에 하나둘 날아오네요. 왕오색나비, 은판나비, 쌍살벌, 애사슴벌레, 밑빠진벌레, 고려나무쑤시기, 파리, 개미 같은 많은 곤충들이 모여 시끌벅적 한바탕 잔치가 벌어졌습니다. 이따금 더 좋은 자리를 차지하려고 서로 몸싸움을 벌이기도 하네요. 그때 몸집이 커다란 장수말벌이 '붕' 하는 커다란 소리를 내며 날아와 앉았어요. 그러자 정신없이 밥을 먹던 곤충들이 화들짝 놀라 부리나케 도망칩니다.

여러 가지 말벌

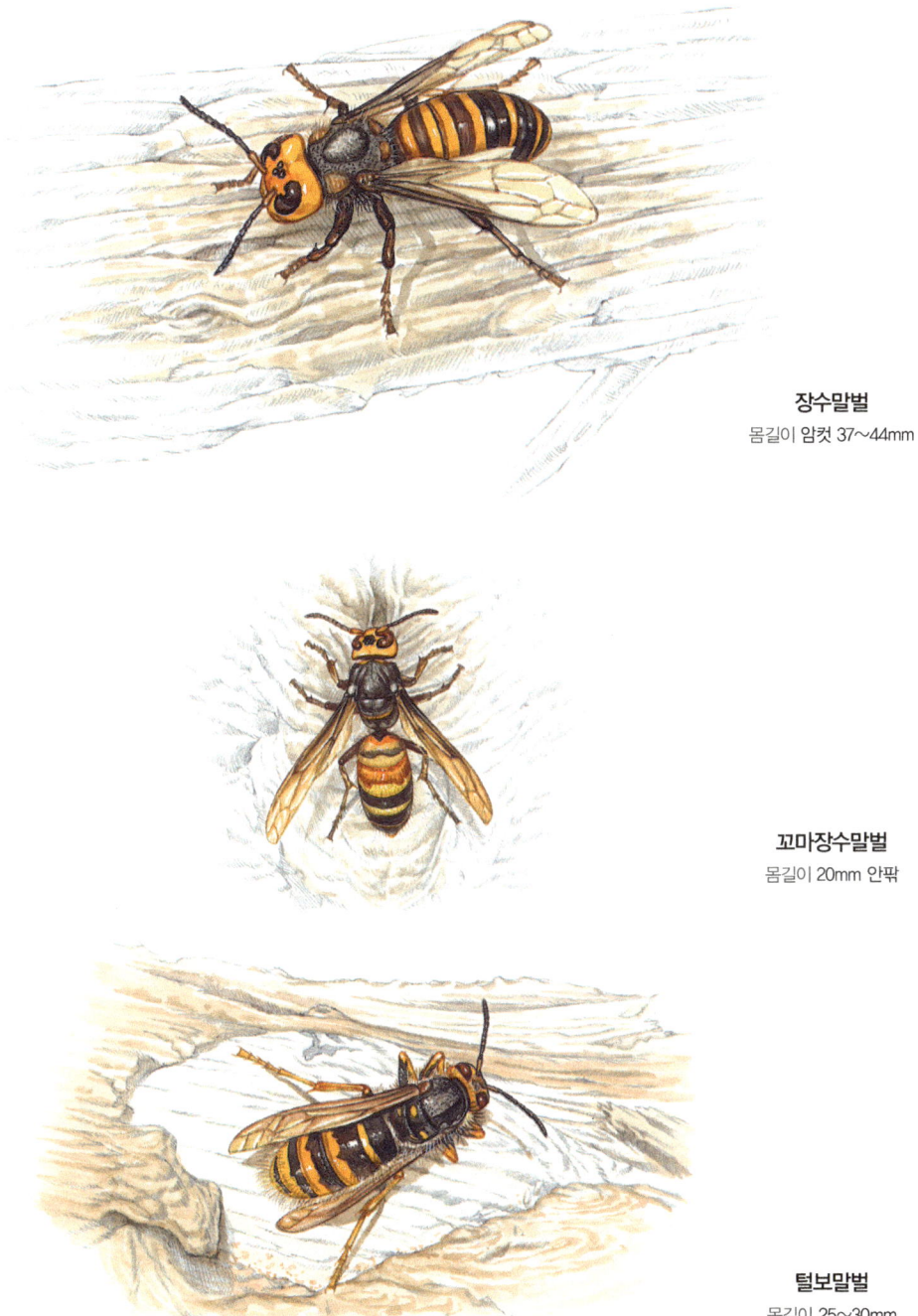

장수말벌
몸길이 암컷 37~44mm

꼬마장수말벌
몸길이 20mm 안팎

털보말벌
몸길이 25~30mm

독침이 무서운 말벌 • 137

무서운 독침

말벌은 말 그대로 '큰' 벌이에요. '말'은 '크다'라는 뜻이거든요. 말벌 가운데 몸집이 가장 큰 장수말벌 수컷은 몸길이가 무려 5센티미터나 되지요. 말벌은 족보상 벌목 가문에 말벌과 집안 식구에요. 말벌과 식구들은 모두 여왕벌, 일벌과 수벌이 모여 살아요. 그리고 철저한 계급 사회를 이루어 저마다 하는 일을 뚜렷이 나눠서 하지요.

말벌 무리들은 모두 집을 잘 짓는답니다. 재미있게도 장수말벌, 땅벌, 말벌, 꼬마장수말벌은 땅속에 집을 짓고, 털보말벌과 좀말벌은 집 처마나 나무줄기에 집을 지어요. 이 가운데 무시무시한 독을 가진 장수말벌는 땅 구멍에 집을 짓기 때문에 눈에 잘 띄지 않아요. 그래서 추석 때 벌초나 성묘를 하다가 벌집을 실수로 건드리는 일이 많지요. 이렇게 벌집을 건드렸다가는 화가 난 벌들이 떼로 나와 공격을 해요. 이때 벌을 잡겠다고 덤비거나 겁을 먹고 팔을 마구 휘두르면 벌들이 더 심하게 덤벼든답니다. 그러니 그때는 재빨리 도망을 쳐야 합니다.

바쁜 여왕벌

따사로운 봄볕이 쏟아지자, 썩은 나무속에서 겨울잠을 자던 말벌 여왕벌이 깨어나 땅 위로 올라왔어요. 여왕벌은 잠시 둘레를 두리번거리다 '부웅' 날아가 집 지을 곳을 찾습니다. 이제부터 집을 짓고 말벌 왕국을 세워야 하거든요.

여왕벌이 안전하고 비가 들이치지 않는 곳을 찾자 바빠지기 시작하네요. 집도 지어야 하고, 알도 낳아야 하고, 알에서 깨어난 새끼도 키워야 하니 몸이 열 개라도 모자랍니다. 하지만 아무리 바빠도 하나하나 한 걸음부터 시작해야겠죠.

먼저 여왕벌은 집을 지을 재료를 얻으러 나무로 날아갑니다. 튼튼한 큰턱으로 나무를 갉아서 집 지을 곳으로 가져오죠. 갉아 온 나무 부스러기를 침과 잘 반죽해서 집을 짓기 시작해요. 꿀벌은 자기 몸속에서 만든 밀랍으로 집을 짓지만, 말벌은 나무에서 부스러기를 구해서 짓습니다. 나무가 없으면 버려진 종이를 갉아 와 짓기도 하죠. 그래서 말벌집을 살살 만져 보면 마치 종잇장 같은 느낌이 납니다.

여왕벌은 이렇게 방 하나를 먼저 공들여 지은 뒤, 방 속에다 알을 하나 쏘옥 낳아요. 그러고는 그 옆에 또 새로운 방을 지은 뒤 알을 낳지요. 여왕벌은 한시도 쉬지 않고 집을 짓습니다.

시간이 지나 알에서 애벌레가 깨어나면 여왕벌은 더욱 바빠져요. 풀밭이나 숲속을 돌아다니며 먹이를 잡아와 애벌레에게 먹여야 하거든요. 이제부터 집도 짓고 애벌레도 먹여야 합니다.

마침 엄마 여왕벌이 사냥을 나왔군요. 그것도 모르고 자벌레가 느긋하게 잎을 먹고 있네요. 자벌레를 보자마자 여왕벌은 잽싸게 달려들어 자벌레를 낚아채요. 그러고서는 무시무시한 큰턱으로 자벌레를 잘근잘근 씹어 가져가기 좋게 뭉칩니다. 그런 뒤 주둥이로 물고 집으로 가져와 어린 애벌레에게 먹여요. 말벌 애벌레는 입맛이 까다로워서 신선한 고기만 먹습니다. 그러니 여왕벌은 늘 살아 있는 곤충들을 잡아와야 하니 허리가 휠 만큼 바쁘죠. 나방과 나비 애벌레, 매미, 잠자리, 꿀벌 같은 곤충들을 눈에 띄는 대로 잡아 애벌레에게 먹입니다.

털보말벌 집

일벌이 태어나요

여왕벌이 하루도 쉬지 못하고 방을 짓고 새끼들을 돌본 덕에 드디어 번데기들에서 어른 일벌이 차례차례 나와요. 이때 나온 일벌들은 모두 딸이에요. 사람으로 치면 첫째 딸, 둘째 딸, 셋째 딸, 넷째 딸이랍니다. 딸벌들이 잇달아 태어나면 여왕벌은 이제부터 일을 하지 않고 알을 낳기만 해요. 이제부터 애벌레를 키우고, 방을 늘리고, 방을 새로 짓고, 사냥을 해 오는 일은 모두 일벌인 딸벌들 몫이거든요. 일벌들은 사냥을 하다가 배가 고프면 꽃에 날아가 꽃가루와 꽃꿀을 먹고, 나무줄기에 흐르는 나뭇진을 먹기도 합니다. 먹이가 모자랄 때는 사람들이 먹다 버리고 간 음료수도 먹습니다. 달달한 당분으로 배를 채우고 나면 또 다시 애벌레에게 줄 먹잇감을 사냥하러 길을 떠나죠.

번창하는 말벌 왕국

시간이 흐르면서 여름이 다가오면 여왕벌이 거느린 왕국은 엄청나게 커진답니다. 식구가 얼마나 많은지 적게는 수십 마리에서 많게는 수백 마리가 모여 살아요. 그때쯤 여왕벌은 수컷이 될 알을 낳지요. 수컷이 될 알을 낳는 방법은 아주 간단합니다. 여왕벌 몸속에는 난자뿐 아니라 지난해에 짝짓기를 하며 수컷에게 건네받은 정자도 있거든요. 딸이 될 알을 낳을 때는 난자와 정자를 몸속에서 수정시킨 수정란을 낳지만, 수컷 알을 낳을 때는 난자와 정자를 수정시키지 않은 미수정란을 낳습니다.

 알에서 깨어나 어른벌레로 날개돋이 한 수컷은 다른 말벌 무리로 날아가 그 무리에서 자란 여왕벌 후보와 짝짓기를 하고 죽어요. 놀랍게도 추운 겨울이 다가 오면 일벌들은 다 죽고, 수컷과 짝짓기 한 여왕벌 후보만이 따뜻한 곳으로 들어가 겨울잠을 잡니다.

무서운 말벌 독

 몇 년 전 곤충을 보러 다니다가 말벌에게 쏘인 적이 있어요. 아프고 따갑고, 욱신거려서 얼마나 고생했는지 몰라요. 그러면 말벌 독은 어디에 있을까요? 바로 배 속에 있지요. 말벌은 위험에 맞닥뜨리거나 사냥을 할 때 배 속에 있던 독을 배 꽁무니에 있는 독침을 통해 쏘지요. 말벌 집에는 수많은 말벌 식구들이 모여 사는데, 말벌들은 자기 집을 누군가 건드리면 목숨을 내놓고 싸운답니다. 일벌들이 너나 할 것 없이 한꺼번에 떼 지어 나와 덤벼들죠. 수많은 일벌들이 독침으로 찔러 대면 사람도 큰일 날 수 있어요.

 일벌이 가진 독침은 알을 낳는 산란관이 바뀐 것입니다. 그래서 일벌에게만 독침이 있고 수벌은 산란관이 없으니 독침도 없어요. 꿀벌과 달리 말벌 독침은 여러 번 쏠 수 있어요. 꿀벌은 독침으로 한번 찌르면 더 이상 독침을 쓸 수 없습니다. 하지만 말벌은 독침을 여러 번 바늘처럼 찔렀다 뺐다 되풀이하며 공격을 퍼부을 수 있죠.

그럼 말벌 독은 얼마나 셀까요? 말벌 한 마리가 가진 독은 꿀벌 550마리가 가진 독과 맞먹을 만큼 독해요. 벌침에 한번 쏘이면 쏘인 곳이 퉁퉁 붓고 아파요. 대개 쌍살벌에 쏘였을 때는 15분쯤, 땅벌에 쏘였을 때는 하루쯤, 말벌에 쏘였을 때는 2~3일쯤 지나야 붓고 아픈 게 가라앉습니다.

말벌이 품고 있는 독은 무엇일까요? 말벌에 쏘이면 붓고 가렵고 따갑고 아픈 까닭은 독 속에 들어 있는 '히스티민'이나 '세로토닌' 같은 신경 전달 물질 때문이에요. 하지만 이런 독보다 더 무서운 것은 알레르기 반응입니다. 벌 독에 알레르기 반응이 있는 사람은 온몸이 퉁퉁 부어올라 심하면 숨길이 막혀 숨을 못 쉴 수도 있답니다. 그러니 몸이 가렵거나 숨이 차면 얼른 병원에 가서 치료를 받아야 합니다.

더구나 장수말벌에 쏘이면 대책이 없어요. 재빨리 병원으로 가야 해요. 장수말벌은 '마나라톡신'이라는 훨씬 강한 독을 지니고 있어서 쏘이면 굉장히 아프답니다. 이러니 힘없는 곤충은 말벌을 보거나 말벌이 '붕' 하고 나는 소리만 들어도 벌벌 떨지요. 그래서 꽃등에나 하늘소 같이 독이 없는 곤충들은 말벌 몸 색깔을 흉내 내서 천적을 헛갈리게 만듭니다.

구름버섯에 사는
줄무당거저리

　며칠 내린 여름비 탓에 나지막한 숲속은 무덥고 후텁지근합니다. 비 온 뒤 나오는 곤충을 보러 흙 비탈길을 사부작사부작 걸었답니다. 오솔길 옆에는 시름시름 앓으며 죽어가는 갈참나무 한 그루가 서 있어요. 나무껍질에는 단색털구름버섯들이 구름처럼 겹겹이 붙어 있네요. 슬그머니 버섯을 들추니 무지갯빛으로 반짝반짝 빛나는 곤충 한 마리가 후다닥 도망칩니다. 버섯들 사이로 감쪽같이 숨은 곤충은 눈부시게 아름다운 줄무당거저리예요. 줄무당거저리는 우리나라에서 흔하지 않아요. 온 세계에서도 우리나라와 일본에서만 사는 귀한 곤충입니다.

무지갯빛 줄무당거저리

　비가 온 뒤 여름 숲은 눅눅해요. 이때를 기다렸다는 듯이 썩어 가는

줄무당거저리
몸길이 10mm

 나무에서 구름버섯들이 피어납니다. 이렇게 피어난 버섯에 귀한 손님들이 하나둘 찾아와요. 그 가운데 무지갯빛으로 온몸이 빛나는 줄무당거저리도 해마다 구름버섯을 찾는 단골손님이에요.

 숲속은 낮에도 어둑어둑합니다. 그래서 썩은 나무줄기에 켜켜이 겹쳐 피어난 구름버섯 군락에 손전등을 비추며 꼼꼼히 살펴봤어요. 역시 줄무당거저리가 막 피어나는 버섯을 맛있게 먹느라 정신이 없네요. 아무 데서나 쉽게 만날 수 없는 줄무당거저리를 찬찬히 들여다봅니다. 몸빛이 어찌나 화려하고 아름다운지 입이 다물어지지 않네요. 화려한 빛깔을 가진 몸빛 때문에 마치 알록달록한 옷을 입고 춤추는 무당처럼

구름버섯에 사는 줄무당거저리 • 145

보인다고 이름에 '무당'이 들어갔지요.

줄무당거저리 몸 생김새는 달걀처럼 갸름하고, 위에서 내려다보면 등이 볼록합니다. 몸길이는 10밀리미터로 꽤 커서 맨눈으로도 아주 잘 보여요. 머리 한가운데에는 가느다란 도랑처럼 세로줄이 파여 있습니다. 더듬이는 모두 11마디로 이루어졌는데, 마디 하나하나는 톱니처럼 뾰족뾰족합니다. 뭐니 뭐니 해도 가장 예쁜 곳은 딱지날개예요. 색깔은 보라색인데, 햇살을 받으면 붉은색, 노란색, 풀색, 파란색, 보라색 같은 여러 가지 빛깔이 아롱다롱 빛난답니다. 보는 각도나 방향에 따라 무지개 빛깔이 요술을 부립니다. 휘황찬란하게 빛나는 무지갯빛 딱지날개에는 재봉틀로 박은 듯이 세로줄이 18줄 가지런히 줄지어 나 있지요.

재미있게도 암컷과 수컷은 앞다리와 가운뎃다리가 서로 다르게 생겼어요. 암컷 앞다리와 가운뎃다리 종아리마디는 무처럼 밋밋합니다. 하지만 수컷은 안쪽으로 많이 휘어져 있고, 금빛 털들이 빽빽하게 나 있지요. 수컷 앞다리와 가운뎃다리 발목마디는 양옆으로 넓게 부풀었고, 그 아랫면에는 거친 금빛 털이 물샐틈없이 빽빽하게 덮여 있답니다. 이렇게 수컷 종아리마디가 안으로 휘어지고, 발목마디가 넓게 부푼 까닭은 짝짓기 할 때 수컷이 암컷 등에서 떨어지지 않도록 꽉 잡기 위해서랍니다.

줄무당거저리 짝짓기
암컷과 수컷이 서로 꽁무니를 맞대고 짝짓기 하고 있다.

몸속 폭탄

줄무당거저리는 오로지 버섯만 먹고 살아요. 먹이 버섯이 다 떨어지면 더듬이를 꼬물꼬물 움직이며 둘레에 있는 버섯으로 옮겨 가요. 가까운 곳이면 걸어 다니지만 멀리 떨어진 곳이면 날아갑니다. 가끔 밤에 불빛으로 날아들 때도 있지요. 마침 줄무당거저리 한 마리가 버섯 틈에 앉아 쉬고 있네요. 하도 반가워서 손끝으로 살짝 건드려 봤어요. 그랬더니 시큼한 냄새가 나는 방귀 폭탄을 쏘며 도망가네요. 손끝을 코에 대 보니 시큼하고 역겨운 냄새가 납니다.

그런데 줄무당거저리는 아무 때나 방귀 폭탄을 쏘지 않습니다. 깜깜한 버섯 속이나 나무껍질 안쪽에서 살다가 천적에게 붙잡히면 그때 자기 몸을 지키려고 방귀 폭탄을 쏘지요. 다시 말하면 공격용이 아니라 방어용이에요.

방귀 폭탄은 어떻게 만들까요? 줄무당거저리의 배 속에는 분비샘이 있어요. 천적을 만나면 곧장 분비샘에서 폭탄 원료가 나옵니다. 이 원료들은 재빨리 폭탄을 만드는 방으로 흘러 들어가 여러 원료들과 모여요. 이때 효소가 나오면 곧바로 화학 반응이 일어나 폭탄이 만들어집니다. 이렇게 만든 폭탄을 줄무당거저리는 배 꽁무니로 '폭' 하고 쏩니다. 이 폭탄에는 물기가 섞여 있어서 분무기처럼 뿜어 나와요. 사람이 손으로 잡으면 손가락에 밤색 물이 조금 묻습니다. 이 물이 바로 줄무당거저리가 뿜어낸 독물이에요. 이 독물 폭탄을 맞은 천적이 잠시 주춤거리는 사이에 줄무당거저리는 재빨리 도망갑니다.

방귀 폭탄에는 어떤 물질이 들어 있어서 다른 동물들을 쫓아낼까요? 폭탄에는 '벤조퀴논', '불포화탄화수소'와 '카를린산'이라는 물질이 들어 있어요. 이 가운데 주성분은 '벤조퀴논'이에요. 이 벤조퀴논이 불포화탄화수소와 섞여서 거저리한테서만 나는 시큼한 냄새를 풍깁니다. 그런데 이 불포화탄화수소 냄새가 벤조퀴논보다 천적을 쫓는 데 더 센 힘을 발휘합니다.

신기하게도 거저리가 쏘는 방귀 폭탄은 뜨겁지 않고 차가워요. 폭탄먼지벌레가 쏘는 방귀 폭탄은 100도나 될 만큼 뜨거운데 말이에요. 그러고 보니 줄무당거저리가 만든 폭탄은 폭탄먼지벌레가 쏜 방귀 폭탄보다 훨씬 순한 폭탄이네요. 어쨌든 줄무당거저리는 배 속에 든든한 방귀 폭탄을 가지고 다니며 자기를 호시탐탐 노리는 힘센 천적들과 맞서며 보란 듯이 당당히 살아가고 있습니다.

똥 속에서 사는 애벌레

짝짓기를 마친 엄마 줄무당거저리는 버섯이나 버섯이 피어난 나무껍질 안쪽에 알을 낳아요. 알을 낳은 지 두 주쯤 지나면, 알에서 애벌레가 태어나죠. 애벌레는 버섯을 먹으며 허물을 모두 세 번 벗고 하루가 다르게 무럭무럭 큽니다. 이렇게 애벌레로 40일쯤 지냅니다.

다 자란 애벌레 몸은 엄청 길쭉하고 늘씬해요. 온몸은 짙은 밤색인데, 머리에는 검붉은 반점이 나 있지요. 배마디와 마디를 이어 주는 연결막은 노르스름해요. 몸은 기름칠 한 것처럼 반짝반짝 윤이 납니다.

애벌레는 몸놀림이 빠른 데다 워낙 바지런해서 잠시도 가만히 있지를 않습니다. 여섯 개 다리를 재빨리 움직여 마치 뱀이 미끄러져 나가듯 기어가요. 지나가는 길목을 막으면 오른쪽이든 왼쪽이든 재빨리 방향을 틀어 내달립니다. 물론 뒷걸음질도 잘 치지요. 애벌레는 밤을 좋아하는 야행성 곤충이라 밝은 빛을 비추면 자꾸만 어두운 곳을 찾아

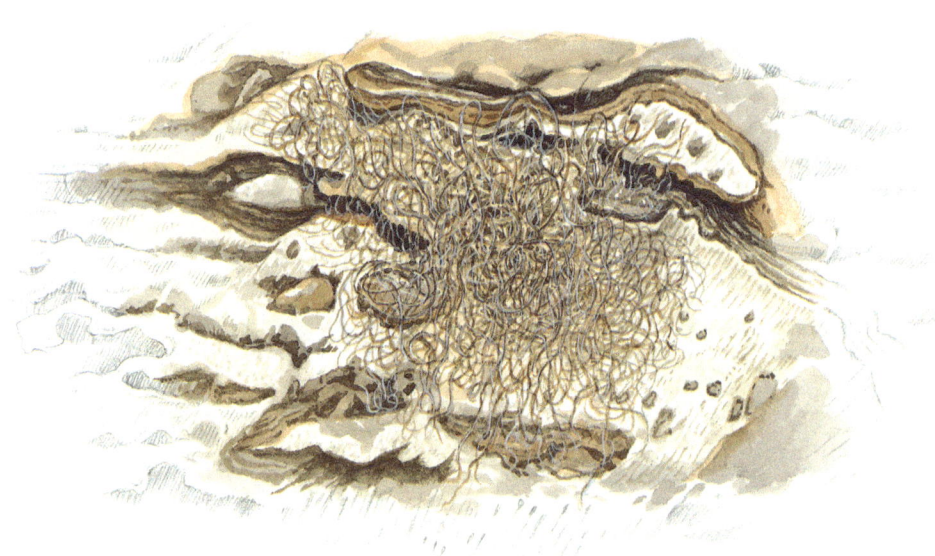

줄무당거저리 애벌레와 똥
줄무당거저리 애벌레는 실처럼 가는 똥을 잔뜩 싸 놓고 그 속에 들어가 산다.

숨어들어요.

줄무당거저리 애벌레는 버섯으로 밥을 먹은 뒤 머리카락 같이 가늘고 긴 똥을 쌉니다. 날마다 싸는 똥들은 차곡차곡 쌓이는데, 그 모습이 마치 머리카락 수천 가닥을 뭉쳐 놓은 것 같아요. 더럽지도 않은지 애벌레는 똥 속을 제 집 드나들 듯 마음껏 드나들지요. 사실 이렇게 쌓인 똥 더미는 애벌레 목숨을 지켜 주는 보호 시설입니다. 비가 들이치고 바람이 불면 똥 더미 속에 들어가 쉬고, 천적이 버섯 둘레를 어슬렁거려도 똥 속으로 들어가 숨지요. 더구나 똥은 애벌레가 허물을 벗을 때 지지대 노릇까지 합니다. 그러니 똥은 더러워서 버려야 할 것이 아니라 허투루 버릴 수 없는 소중한 자원이에요. 다 자란 애벌레는 똥 더미 속에서 번데기로 탈바꿈합니다. 번데기가 된 지 두 주쯤 지나면 드디어 어른벌레로 날개돋이 해서 한살이를 이어 갑니다.

빨간 피 흘리는
남생이무당벌레

    봄에 바닥이 다 들여다보일 만큼 맑은 골짜기 물을 따라 오솔길을 걸었습니다. 길옆에 서 있는 버드나무 가지에 연둣빛 잎들이 새록새록 돋아났어요. 봄바람을 따라 살랑살랑 춤추는 버들잎에 봄 곤충들이 찾아와 진을 치고 있네요. 버들잎벌레, 사시나무잎벌레, 버들꼬마잎벌레 어른벌레와 애벌레들이 뒤섞여 맛있게 밥을 먹고 있습니다. 그때, 어디서인지 커다란 무당벌레 한 마리가 성큼성큼 다가오더니 버들잎벌레 애벌레 한 마리를 잡아먹네요. 몸집이 엄청 큰 것을 보니 남생이무당벌레로군요.

남생이 닮은 남생이무당벌레

봄이면 떼를 지어 겨울잠을 자던 남생이무당벌레들이 꼬물꼬물 기어 나옵니다. 가엾게도 남생이무당벌레에게는 집이 없어요. 힘없는 곤충들을 잡아먹으러 이리저리 떠돌아다니죠. 남생이무당벌레는 소문난 '잎벌레 사냥꾼'이에요. 남생이무당벌레는 육식성이라서 잎벌레 알, 애벌레, 번데기를 가리지 않고 보이는 족족 잡아먹지요. 그래서 버드나무와 가래나무는 봄만 되면 무시무시한 사냥터가 됩니다.

여러 가지 남생이무당벌레

남생이무당벌레
몸길이 10mm

꼬마남생이무당벌레
몸길이 4mm 안팎

큰꼬마남생이무당벌레
몸길이 10mm

마침 배고픈 남생이무당벌레가 가래나무에 나타났어요. 가래나무 잎에는 엄마 호두나무잎벌레가 정성껏 낳아 둔 알들이 수북이 쌓여 있습니다. 남생이무당벌레는 알 무더기에 성큼성큼 다가가 알을 먹어 치우네요. 튼튼한 주둥이로 와삭와삭 알을 씹어 먹어요. 남생이무당벌레가 야금야금 먹고 간 자리에는 허연 알 껍질만 덩그러니 남았습니다.

밥을 먹는 남생이무당벌레를 가까이 들여다보니 참 매력적이네요. 생김새는 바가지를 엎어 놓은 것처럼 볼록해서 귀여워요. 온몸은 참기름이라도 바른 것처럼 윤기가 자르르 흐릅니다. 더듬이는 짧아서 움츠리면 잘 보이지 않습니다. 딱지날개는 까만데, 주황색 무늬가 아름답게 나 있어요. 이 무늬가 남생이 등과 닮았다고 '남생이무당벌레'라는 이름이 붙었지요. 남생이무당벌레 몸길이는 10밀리미터로 우리나라에서 사는 무당벌레과 집안 식구 가운데 몸집이 가장 큽니다.

빨간 피 흘리는 남생이무당벌레

남생이무당벌레는 딱지날개에 주황색 무늬가 있어서 눈에 잘 띕니다. 산과 들에는 곤충을 잡아먹으려는 동물들이 수두룩한데 왜 이렇게 눈에 확 띄는 화려한 옷을 입었을까요? 남생이무당벌레는 오히려 숨기보다 이렇게 눈에 잘 띄어서 새나 개구리 같은 힘센 포식자들을 따돌립니다. '내 몸에는 독이 있어. 날 잡아먹으면 큰 코 다쳐.'라며 으름장을 놓는 것입니다. 새들은 눈에 확 띄는 빨간색, 노란색, 주황색 같

남생이무당벌레는 위험을 느끼면 다리 마디에서 빨간 피를 흘린다.

은 화려한 색깔을 보면 오히려 꺼린답니다.

 남생이무당벌레가 놀라면 다리와 더듬이를 배 쪽으로 바짝 오그리고 발라당 뒤집어져요. 그러고서는 꼼짝도 안 하죠. 죽은 척하는 것이 아니고 진짜로 정신을 잃은 거예요. 이렇게 잠깐 동안 정신을 잃고 있는 것을 '가짜로 죽은 상태'라는 뜻으로 한자말로 '가사 상태'에 빠졌다고 해요. 다시 깨어나 정신을 차리려면 몇 분이 지나야 합니다. 그뿐 아니에요. 건드리면 다리 마디에서 빨간 피가 흘러나와 이슬방울처럼 맺혀요. 안 좋은 냄새까지 풍기네요. 빨간 피에는 '코치넬린(coccinellin)'이라는 독이 들어 있습니다. 이 독을 삼키면 구역질이 나고 토할 수도 있어요. 그래서 천적들은 이 빨간 피만 보면 슬금슬금 피한답니다. 이렇게 '빨간 피'는 자기 몸을 지키는 훌륭한 방어 무기예요.

많이 낳는 알

남생이무당벌레는 배부르게 밥을 먹다가 마음에 드는 짝을 만나면 짝짓기를 합니다. 짝짓기를 마친 엄마 남생이무당벌레는 집을 짓지 않고 아무 데나 알을 낳아요. 주로 먹잇감이 많은 나무에 자리를 잡은 뒤 알을 하나씩 하나씩 줄 맞춰 낳지요. 알은 주황색인데 쌀알처럼 길쭉하게 생겼어요. 엄마는 알을 지켜 줄 집을 짓지는 않지만 힘닿는 데까지 알을 많이 낳아서 가문이 번성하도록 애를 씁니다. 알을 많이 낳으면 낳을수록 천적이 들끓는 산과 들에서 살아남을 확률이 높아집니다.

남생이무당벌레 알

남생이무당벌레 애벌레

떠돌이 남생이무당벌레 애벌레

며칠 뒤 알에서 애벌레가 태어났어요. 남생이무당벌레 애벌레도 엄마 아빠를 닮아 육식성입니다. 집이 없으니 먹이를 찾아 풀과 나무 위를 돌아다니며 떠돌이 생활을 해요. 굶주린 배를 채우기 위해 하루도 쉬지 않고 이 나무 저 나무, 이 풀 저 풀을 오르락내리락하며 먹잇감을 찾습니다. 어렸을 때는 진딧물을 잡아먹고, 몸집이 커지면 진딧물보다 훨씬 큰 잎벌레 애벌레도 서슴없이 잡아먹지요. 먹잇감이 없으면 같은 남생이무당벌레 애벌레도 잡아먹고, 심지어 아직 못 깨어난 남생이무당벌레 알도 먹어 치웁니다.

애벌레도 어른벌레처럼 몸빛이 화려하고, 몸집이 커서 힘이 넘쳐 보여요. 몸빛은 주황색 바탕에 까만색 무늬가 가지런히 나 있어서 눈에 확 띕니다. 몸 곳곳에는 나뭇가지처럼 뻗은 가시돌기가 덮여 있는데, 가시돌기에는 뻣뻣한 털들이 나 있지요. 애벌레도 어른벌레처럼 누가 건드리면 돌기에서 독이 들어 있는 '빨간 피'를 흘리며 '내 몸에 독이 있어'라고 으름장을 놓습니다.

윗몸 일으키기 하는 번데기

다 자란 애벌레는 이제 사냥을 그치고 번데기가 될 준비를 합니다. 벚나무 줄기에 자리를 잡은 애벌레가 분비물을 내어 배 꽁무니를 나무 줄기에 꽁꽁 묶네요. 그러고서는 애벌레 때 입었던 허물을 벗고 번데기로 탈바꿈합니다.

재미있게도 남생이무당벌레 번데기는 아무 일 없을 때에는 죽은 듯이 엎드려 있다가 개미나 침노린재 같은 천적이 다가오면 귀신같이 알아차리고 벌떡 몸을 일으켜요. 마치 윗몸 일으키기라도 하듯이 몸을 벌떡 일으켰다 엎드렸다, 또 일으켰다 엎드렸다 하며 천적에게 겁을 줍니다.

이렇게 천적을 쫓아내며 무사히 번데기 시절을 보내면 어른벌레로 날개돋이 해요. 어른이 된 남생이무당벌레는 엄마 아빠가 했던 것처럼 힘없는 곤충들을 잡아먹으면서 가문을 이어 가지요.

추운 겨울이 되면 어른 남생이무당벌레들은 따뜻한 곳에 떼를 지어 모여 겨울잠을 쿨쿨 잡니다. 바람이 들이치지 않는 바위 아래나 따뜻한 가랑잎 더미, 나무껍질 속, 동굴 속, 심지어 사람들이 사는 집에도 들어와 겨울잠을 잡니다.

남생이무당벌레 번데기

무당벌레 무리

무당벌레는 몸빛이 빨개서 마치 무당이 입는 옷을 떠올린다고 붙은 이름이에요. 생김새가 꼭 엎어 놓은 됫박을 닮았다고 '됫박벌레'라고도 하죠. 또 몸에 까만 점무늬가 있어서 북녘에서는 '점벌레'라고 합니다. 몸빛이 빨간 까닭은 독이 있으니 잡아먹지 말라는 '경고색'이에요. 위험을 느끼면 다리 마디에서 노랗거나 빨간 물이 나옵니다. 아주 쓴맛이 나기 때문에 새나 다른 벌레가 섣불리 잡아먹지 못해요. 또 무당벌레는 적이 나타나면 몸을 움츠린 채 땅으로 떨어져요. 떨어지면서 몸을 뒤집고 다리는 움츠려 몸에 찰싹 붙이고는 죽은 것처럼 움직이지 않습니다. 아니면 다리 마디에서 쓴맛이 나는 물을 내지요.

무당벌레 무리는 온 세계에 5000종쯤이 살고, 우리나라에는 90종쯤 살아요. 산이나 들판에

무당벌레와 색깔 변이
몸길이 5~8mm

160

살고, 밤에 불빛으로 날아오기도 합니다. 대부분 진딧물이나 나무이, 뿌리혹벌레, 깍지벌레 따위를 잡아먹는 육식성이에요. 30종이 진딧물을 잡아먹고, 13종이 깍지벌레를 많이 잡아먹습니다. 애벌레도 어른벌레처럼 진딧물을 잡아먹지요. 이십팔점박이무당벌레, 큰이십팔점박이무당벌레, 중국무당벌레, 콩팥무당벌레는 감자나 가지 같은 여러 가지 채소 잎이나 풀잎을 갉아 먹습니다.

무당벌레와 잎벌레는 크기도 비슷하고 생김새도 닮았어요. 몸이 둥글고 등이 볼록하지요. 하지만 자세히 보면 잎벌레 무리는 더듬이와 다리가 무당벌레보다 훨씬 길어요. 잎벌레는 무당벌레와 달리 진딧물을 먹지 않고, 풀이나 나무 잎이나 꽃을 먹고 삽니다. 애벌레는 뿌리도 먹어요.

쌍점방패무당벌레
몸길이 2~4mm

홍점박이무당벌레
몸길이 5~7mm

홍테무당벌레
몸길이 5mm 안팎

달무리무당벌레
몸길이 7~9mm

네점가슴무당벌레
몸길이 4~5mm

다리무당벌레
몸길이 5mm 안팎

칠성무당벌레
몸길이 6~7mm

십일점박이무당벌레
몸길이 5mm 안팎

유럽무당벌레
몸길이 4~6mm

열석점긴다리무당벌레
몸길이 6mm 안팎

큰황색가슴무당벌레
몸길이 6mm 안팎

애홍점박이무당벌레
몸길이 4mm 안팎

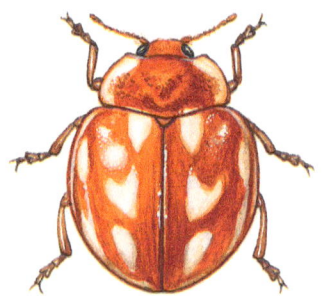
긴점무당벌레
몸길이 8mm 안팎

노랑무당벌레
몸길이 3~5mm

열닷점박이무당벌레
몸길이 5~7mm

노랑육점박이무당벌레
몸길이 4mm 안팎

중국무당벌레
몸길이 4~5mm

큰이십팔점박이무당벌레
몸길이 6~8mm

이십팔점콩알무당벌레
몸길이 5mm 안팎

십이흰점무당벌레
몸길이 3~4mm

방패무당벌레
몸길이 10mm 안팎

163

세밀화로 보는 정부희 선생님 곤충 교실 2

곤충은 어떻게 몸을 지킬까?
자기 몸을 지키는 곤충 이야기

2020년 3월 1일 1판 1쇄 펴냄 | 2024년 11월 25일 1판 2쇄 펴냄

글 정부희 | **그림** 옥영관
세밀화 이제호(나무), 이원우(약초), 박신영(풀), 이주용(뱀)
편집 김종현 | **기획실** 김소영, 김용란
디자인 한아람 | **제작** 심준엽
영업마케팅 김현정, 심규완, 양병희 | **영업관리** 안명선 | **새사업부** 조서연
경영지원실 노명아, 신종호, 차수민
분해 (주)로얄프로세스 | **인쇄와 제본** (주)프린탑

펴낸이 유문숙 | **펴낸 곳** (주)도서출판 보리 | **출판 등록** 1991년 8월 6일 제9-279호
주소 (10881) 경기도 파주시 직지길 492
전화 031-955-3535 | **전송** 031-950-9501
누리집 www.boribook.com | **전자우편** bori@boribook.com

ⓒ 정부희, 옥영관, 김종현, 보리 2020

이 책의 내용을 쓰고자 할 때는, 저작권자와 출판사의 허락을 받아야 합니다.
잘못된 책은 바꾸어 드립니다.
값 16,000원

보리는 나무 한 그루를 베어 낼 가치가 있는지 생각하며 책을 만듭니다.

ISBN 979-11-6314-105-1
        979-11-6314-103-7(세트)

이 도서의 국립중앙도서관 출판시도서목록(CIP)은 서지정보유통지원시스템 홈페이지(http://seoji.nl.go.kr)와 국가자료공동목록시스템(http://www.nl.go.kr/kolisnet)에서 이용하실 수 있습니다.
(CIP제어번호: CIP2020005701)

제품명 : 도서 제조자명 : (주) 도서출판 보리 주소 : (10881) 경기도 파주시 직지길 492 전화번호 : (031) 955-3535
제조년월 : 2024년 11월 제조국 : 대한민국 사용연령 : 8세 이상 주의사항 : 책의 모서리가 날카로우니 다치지 않게 주의하세요.
KC 마크는 이 제품이 공통안전기준에 적합하였음을 의미합니다.